人 文 中 国 书 系

中国功夫

王广西　著
王　萌　整理

五洲传播出版社

图书在版编目（CIP）数据

中国功夫／王广西著，王萌整理.—北京：五洲传播出版社，2010.1

ISBN 978-7-5085-1474-1

I.中... II.王... III.武术－概况－中国 IV.G852

中国版本图书馆CIP数据核字（2008）第170854号

中国功夫

编 著 者　王广西　王　萌(整理)

图片提供　王　萌　ΓΟΤΟΕ CFP

责任编辑　高　磊

整体设计　田　林

设计制作　北京尚捷时迅文化艺术有限公司

出版发行　五洲传播出版社（北京海淀区北小马厂6号　邮编：100038）

电　　话　8610-58891281（发行部）

网　　址　www.cicc.org.cn

承 印 者　北京华联印刷有限公司

版　　次　2010年1月第2版第2次印刷

开　　本　720×965毫米　1/16

印　　张　8.5

字　　数　100千字

定　　价　38.00元

目 录

前　言

　　武术是中华民族的宝贵文化遗产，也是中华民族对人类文化的又一贡献。

　　中国武术是一种特殊的文化形态，它以攻防搏击为表现形式，以丰富的套路、招式、功法为具体内容，在激烈的身体对抗（多数表现为假想对抗和模拟对抗）中体现出中华民族的智慧和不屈的性格特征。

　　中国武术浸润着民族的性格气质，蕴含着中华民族对搏击之道的独特悟解。它既不同于那种张扬自我、崇尚刚猛的欧美拳击，又不同于极具岛国文化特色的日本空手道，也不同于带有浓烈热带丛林气息的泰拳。中国武术讲究刚柔相济，内外兼修，既有刚健雄美的外形，更有典雅深邃的内涵。中国武术不仅仅是搏击术，更不是单纯的拳脚运动，也不是力气与技法的简单结合，它饱含

宴乐习射水陆攻战纹铜壶（战国，四川成都出土）之纹饰展开图。

1

着哲理，深蕴着先哲们对生命和宇宙的参悟，以一种近乎完美的运动形式诠释着某种古老的哲学思想，追求那种完美而和谐的人生境界。

中国武术以技击为中心，以强身自卫为目的，但它的练功原则却是始于养气，而终于中和守静之道。拳脚招法形之于外，柔静中和固之于内，外猛而内和，外动而内静，外放而内敛，并非一味逞强争胜，好勇斗狠。心如古井，止水无波，视人如草，无法为法，这才是武学境界的极致。

青山巍巍，绿水长流。中国武术历经沧桑，千年不衰，至今仍洋溢着生命的活力，可谓中国传统文化和民族精神的一个缩影。

武术渊源

中国武术，古称"拳勇""技击"，民国时期又称"国术"，外国人则称之为"功夫"。

武术起源于远古人类与野兽的搏斗和部落之间的战争。早在春秋时期（前770—前476），《诗经》中就已经出现了"无拳无勇，职为乱阶"的说法。《礼记》记载："凡士执技论功，适四卫，强股肱，质射御。"这表明当时已经出现了技击性质的比赛。后来又出现了定期的比武大会，即"春秋角试以练，精锐为右（上）"。《庄子》中记载了赵王养剑士三千余人，"日夜相击于前，死伤者岁百余人，好之不厌"。到了汉代（前206—公元220），武术有了长足的发展。河南出土的汉画像石中，有不少描绘武术动作的图画，像"击剑图""舞剑图""空手夺枪图""剑戟对刺图"等，反映出当时已经出现了单练套路和对练拳路。

另外，从春秋时期起，道家行气

斗兽纹镜　秦（前221—前206），湖北云梦出土。二武士操剑持盾，与两恶豹相搏。

《鸿门宴》之项庄舞剑

此图描绘中国历史上著名的"鸿门宴"的故事：公元前206年秦朝灭亡后，楚汉争夺天下。汉王刘邦到鸿门见楚霸王项羽，席间，项羽的亚父范增命项庄舞剑助兴，企图趁机杀掉刘邦。

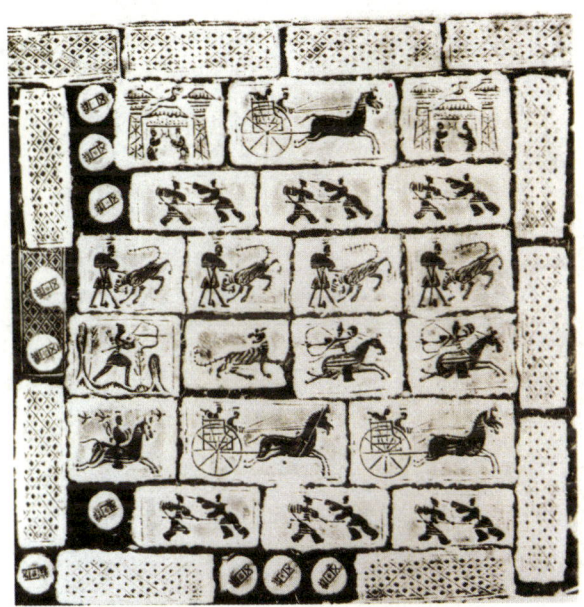

技击射猎图　空心画像砖，东汉 (25—220)，河南郑州出土。

术就已初具雏形。老子提倡"致虚极，守静笃"，"营魄抱一，专气致柔"；庄子（约前369—前286）提出"吹嘘呼吸，吐故纳新"。战国（前475—前221）初期的《行气玉佩铭》，已经完整

【行气玉佩铭】

此为一个十二面体小玉柱，属战国初期，现藏于天津历史博物馆。上刻45字，记录了行气的方法和方向，类似后来的周天功法，是中国迄今为止所发现的最早最完整的气功功法。武术中的内功与此有渊源关系。其译文是：行气，深则蓄，蓄则伸，伸则下，下则定，定则固，固则萌，萌则长，长则退，退则天。天机本在上，地机本在下。顺则生，逆则死。

这段话的大意是：行气时吸气要深，蓄存要多，使气向身体下部延伸。气下伸到一定部位（当指丹田），就要停下来，使气向固。然后顺反方向将气呼出，犹如草木之萌芽，向上生长，与吸气时的方向相反，一直呼到尽头。天机在上，地机在下，上下运动，互相鼓荡。如果顺此方向行气，即可长寿；如果逆此方向行气，就会夭折。

5

徒手斗长梃 画像石, 汉, 河南南阳出土。

地记录了行气的方法。老庄的养气理论与阴阳五行学说相结合,
后来成为中国武术内功训练的基础。老子所揭示的某些哲理,诸
如以静制动、以柔克刚、大巧若拙等,后来被中国武术的各种拳
派普遍吸收,更被各内家拳派奉为技击原则。

　　内外兼修、形神合一是中国武术的基本特征。在漫长的历史
发展过程中,武术与行气逐渐互相融合,武术家通过系统的行气
训练以充分调动体内的潜在能量,达到"以意领气,以气催力"
的技击目的。宋(960—1279)、元(1271—1368)之际,武术
与行气的密切结合成为中国武术发展的大趋势。少林武功至明
(1368—1644)末而大备,武当派亦于同期而崛起,都应是历史发
展的必然。

武学之道

射虎石

【日】冈田玉山等编绘《唐
土名胜图会》，日本文化
二年（1802 年）刊。
西汉（前206—公元25）
名将李广夜巡，风起草
伏，误石为虎，张弓怒射。
平明复视，箭羽竟尽没石
棱之中。

　　所谓"武学之道"，就是武学的规律，也可以理解为武学的
最高境界。

　　衡量一个人在武学上是否达到较高层次，应从劲力、拳法、
功力、心理四个方面来综合考察。这四个方面应是一个有机的整
体，是较高层次武功的综合体现。对于高手而言，其劲力应是刚
柔相济，其拳法应体现为大巧若拙，其功力应表现为以意击人，
其心理应保持善战不怒。将刚柔相济、大巧若拙、以意击人、善
战不怒综合到一起，即"合四为一"，或许就是中国的"武学之
道"，也是步入高层次武功境界的标志。

　　刚柔相济是中国武术各拳派对劲力的共同要求，也是"内外

六祖斫竹图 南宋（1127—1279） 梁楷
六祖慧能主张见性成佛，曾言"青青翠竹，尽是法身"。

合一"的具体体现。刚，又称为"阳"；柔，又称为"阴"。在中国武术中，没有纯刚无柔的拳法，也没有纯柔无刚的拳法。过刚则力尽，过柔则绵弱，二者均有明显的弊端。只有刚柔相济，才能达到拳论上常说的"阴阳悉化"。在中国的拳法中，刚柔相济一般表现为弹抖崩爆之劲，其发也速，其去也疾，其势也猛，其力也透。

"大巧若拙"一语出自《老子》。它的原意是说最灵巧的，看来却像十分朴拙一样。武术行家们借用这句话，用来说明真正高明的拳式并不一定繁复华丽。美观者未必实用，实用者多不美观，这是中国武术的一个规律。也就是说，灵巧者未必胜过质朴，质朴者多能胜过灵巧。中国武术的奥秘并不在于什么招法，而最厉害、最可怕的招法就是没有招法。"无法为法"，才是中国武学的真谛。

以意击人，就是用意念导引

真气，用真气催发劲力，用来击中对方，即所谓"力从意生"，"劲由心起"，"意到拳到"。其原理在于通过意念，最大限度、最快速度地调动体内的潜力，练出非同寻常的"内劲"，集全身之力于一点，在一瞬间爆发出较大的杀伤力。

善战不怒是对心理素质的要求。老子说过："善战者不怒。"意思是：善于作战的人，从来不靠愤怒行事。反过来说，就是"善怒者未必善战"。把"善战不怒"这句话引申到武术领域，就是要求习武者必须养成良好的心理素质，善于调节自己的情绪，一旦遇敌，不惊不怒，不骄不怯，仍以"平常心"待之，保持镇静如常的心理，"泰山崩于前而色不变"，在大变故、大悲喜中依然从容自若。

"善战不怒"与"刚柔相济""大巧若拙""以意击人"一起，构成了中国武学高层次的主要内容。这四个方面好像四根巨柱，擎起了中国武学的巍峨楼阁。

武术流派

　　中国是一个历史悠久、幅员辽阔的多民族大国，地理环境与人文因素均极为复杂。由于历史的民族的原因，各地区之间经济文化的发展很不平衡，各地风俗民情也颇有差异，于是很早就形成了若干个各具特色的较小的文化区，如中原文化区、齐鲁文化区、荆楚文化区、关陇文化区、吴越文化区、巴蜀文化区、闽南文化区、岭南文化区，以及后起的京派文化区和海派文化区，等等。它们都拥有地域特色鲜明的文化形态。中华民族的大文化，实际上就是由这些地域文化融汇而成的。

　　武术是一种文化形态，它必然要打上地域文化的烙印。武术又基本上属于纯粹的民间文化形态，其生命力深藏于下层百姓之中，所以它的地域特色又是最浓郁的。中国武术的主要流派，都是从地域性文化中派生出来的。

　　清（1644—1911）初大儒黄宗羲（1610—1695）最早提出"内家"、"外家"之说，认为凡先发制人、主动进攻者即判为外家拳，如少林拳；凡后发制人、以静制动者即判为内家拳，如武当拳。后人又多把偏于刚猛一路的视为外家拳，偏于阴柔一路的视为内家拳。

　　在漫长的历史进程中，中国武术以地域文化为底蕴，先后形成了七个地域性的大拳系。在每一个大拳系中，又以某一个或几个拳种为中心，衍化出若干个自成体系的拳派。这七大拳系是：

黄宗羲画像　在中国武术史上，黄宗羲最早提出"内家"、"外家"之分，首次披露点穴之术。

（一）少林拳系，以中原文化为依托，以嵩山少林寺为中心，广泛流布于北方各省；

（二）武当拳系，以荆楚文化为依托，以湖北武当山为中心，流布于湖北、河南、江苏、四川、上海等地；

（三）峨眉拳系，以巴蜀文化为依托，以四川峨眉山为中心，流布于四川、重庆；

（四）南拳拳系，以闽南文化和岭南文化为依托，以泉州和珠江三角洲为中心，流布于南方各省；

（五）形意拳系，以三晋文化、燕赵文化、中原文化为依托，以山西、河北、河南为中心，流布于全国；

（六）太极拳系，以中原文化、京派文化为依托，以河南、北京为中心，流布于全国；

（七）八卦拳系，以京派文化为依托，以北京为中心，流布于全国。

其中，少林、武当、峨眉三大拳系都以名山名寺名道观为依托，形成较早，而形意、太极、八卦三大拳系形成较晚，且最早流行于北方。武林中人习惯把武当、形意、太极、八卦称为"内家四大拳派"。

少林拳系

俗话说："天下功夫出少林。"名驰中外的嵩山少林寺，就是少林武术的发源地。嵩山位于河南中部，气势雄浑磅礴，是"五岳"的中岳。少林寺坐落在少室山麓，依山势而建，异常宏伟。

嵩山少林寺

少林寺始建于北魏(386—534)太和十九年（495年），第一位入主少林寺的是东天竺高僧跋陀（394—468）。其后不久，南天竺高僧菩提达摩（？—536）也曾去过少林寺，但他并没有在少林寺久住，更没有什么传说中的"面壁九年"之事。后人传说达摩曾经写有《易筋经》，创编"罗汉十八手"，由此开创了少林武术，这是没有任何根据的。

少林武术的渊源是中原地区的民间武功。据考古发现，至迟在两汉时期，中原地区的武功已发展到相当水平，行气导引之术（气功）也已积累了比较丰富的经验。少林寺的和尚多数来自中原一带，有些人入寺之前就会武功，入寺之后又在僧众之间相互传授切磋。在武功方面，少林寺一向有兼收并

【跋陀】

跋陀，又名佛陀，天竺（印度）人。北魏孝文帝(471—499年在位)时来中国传播佛教，深得敬重。北魏迁都洛阳(493年)后孝文帝在洛阳为他建造寺院。跋陀性喜幽静，孝文帝又在嵩岳少室山下为他建造寺院。这座寺院即现在的少林寺，跋陀是为少林寺的创立者和第一位住持，他在寺内翻经台翻译了《华严》《涅槃》《维摩》《十地》等经。年老后跋陀迁居少林寺外，直到圆寂。

【菩提达摩】

菩提达摩，南天竺人，婆罗门种姓，自称佛传禅宗第二十八祖，中国禅宗的始祖，故中国的禅宗又称达摩宗。南朝梁武帝(502—549年在位)时航海到广州。梁武帝信佛，达摩至南朝都城建业会梁武帝，面谈不契，遂一苇渡江，北上北魏都城洛阳，到过嵩山少林寺，传说面壁九年，传衣钵于慧可。东魏天平三年(536年)卒于洛滨，葬熊耳山。

达摩一苇渡江刻石（左）及拓片　此图相传为明代风颠和尚所画。

蓄、善于学习的传统，所以能够广泛吸收僧俗两界的武功精华，不断总结提高，并有所发展创造。

隋（581—618）末，少林寺十三武僧助唐王李世民（599—649）击败王世充，少林武功从此渐有名气。五代（907—960）时，少林高僧福居邀请十八家武林高手入寺献艺。福居博采众长，去粗存精，汇成《少林拳谱》。金（1115—1234）元之际，少林高僧觉远又与兰州高手李叟、洛阳名师白玉峰（后在少林寺出家，法号秋月）定交，三人同归少林，新创70余手。从隋唐到金元，少林武术不断发展丰富，逐渐走向成熟。

少林寺以武功名扬天下是在明清时期。明朝嘉靖年间（1522—1566），倭寇窜扰东南沿海，少林派武僧80余人勇赴沙场，屡挫敌焰。

嘉靖四十年（1561年），抗倭名将俞大猷（1504—1580）途经嵩山，亲临少林寺，传授棍术，使少林棍术迅速跃升为诸家棍法之首，被公认为武术正宗。此后，少林寺僧又专攻拳术，以使拳术与棍术齐名。明末时，少林僧洪记又从刘德长学得独步天下的峨眉枪法。

明末清初之际，少林武功广泛吸收了北方许多拳派的精华，同时也吸收了福建的棍术和四川的枪术，在本寺武功的基础上加以融汇提炼，终于形成了内容博深、技艺精湛的少林拳系，全面取得了武术正宗的崇高地位。同时，由于少林武功的名气越来越

少林寺校拳图　此为嵩山少林寺白衣殿壁画，又名"捶谱"，绘于清初。图中一些招式清晰可辨，体现出少林拳大开大合的特点。

大，北方的不少拳派也托名少林以自重。这样，少林拳系实际上就涵盖了中国北方地区的几乎所有的武术门派，少林武术也成了中国北方地区武术的总称。

目前流行于北方地区的许多拳种，如梅花、炮拳、洪（红）拳、功（弓）力、劈挂、通臂、短打、燕青（秘踪）、拦手、螳螂、七星、昭（朝）阳、关东、八极、戳脚、鹰爪，以及长拳、猴拳、苌家拳、岳氏连拳等等，都属于少林拳系。上述每一拳种又都拥有各自独立的若干拳械套路和功法。目前，仅少林寺内秘传的拳路就有234种，器械套路有137种，合计371种，另外还有以"少林七十二艺"为代表的许多功法，可谓集北方武功之大成了。

少林拳多走刚猛一路。中原人身高体壮，伟岸多力，性格憨厚，所以拳路多是大开大合，劲力迅猛，充分发挥腿长臂长的优势，放长击远。中原人重心较高，因此特别注意发挥腿击的优势，主张"手打三分，脚打七分"，又有"手是两扇门，全凭腿打人"之说。

少林拳质朴无华，很少搞花架子，其编排完全从实战格斗出发，来去一条线，起横落顺，即横身而进，顺身（侧身）而落，在击敌的一瞬间，使自己身体的受敌面积变得最小，而发劲最猛。少林拳要求"拳打卧牛之地"，意思是与敌接战，或进或退，不过是两三步之间，套路编排要合乎这种实战需要。

少林寺是中国佛教中禅宗的祖庭（发源地），所以少林拳属于佛门武功。少林武功的要旨是拳禅合一，少林僧人练拳的本意在于护寺护法。少林寺僧人都要练习参禅。禅法本是一种心法，也可变通成为内功。少林寺僧历代多出高手，与他们坚持参禅有一定关系。

少林拳系与其余六大拳系均有渊源关系，并对峨眉、南拳、形意、太极四大拳系的形成产生过重要的影响。

张三丰画像 明
此为已知最早的张三丰画像，原为明岐阳王李氏世藏。李氏先祖文忠为朱元璋外甥，明开国功臣。或谓李氏好客，三丰曾偶尔造访，客居王府，遂留下画像云。

武当拳系

在中国武林中，一向有"外家少林，内家武当"之说。少林与武当，可谓双峰并峙，各有千秋。

武当山雄踞湖北省西北部，方圆八百余里，其主峰（天柱峰）海拔1612米。武当山奇峰竞秀，雄浑涵厚，相传为真武帝君修炼

处，为道教圣地。

武当山的道士很早就有练拳的传统。清初学者黄宗羲说武当拳为武当道士张三峰（一作张三丰）所创，但并无历史根据。据史料记载，张三峰系全真派道士，生活在元末明初时期，他曾在武当山修炼气功，但是不会拳术。

由于武当派极密其技，择徒甚严，又向来不爱炫耀，所以武当拳的流传并不广。直到明末清初，武当拳才流传于世，在浙江宁波一带，出现了张松溪、叶近泉、单思南、王征南等高手。黄宗羲的儿子黄百家（1634—？）就是王征南的弟

宋太祖赵匡胤　赵匡胤（927—976）为武将出身。武当拳系与少林拳系中均有太祖长拳，相传为赵匡胤所创。

子。据说张松溪晚年将武当拳传到四川。目前在四川省成都、南充流传的"松溪内家拳""武当内家拳""子母南拳"等均属于武当拳系。晚清光绪年间（1875—1908），武当山道士的后人邓钟山又在江苏江宁（今属南京市）开堂授徒，于是武当拳又东传至江苏。 四川、江苏两支至今繁盛。留在武当山的一支也未失传，至今武当道士仍然保持着练武传统。

据粗略统计，目前流传的源于武当山的拳路不下60种，包括太乙五行、纯阳、太和、启蒙、六步、咫尺、光明、问津、探马、

七肘、七星、两仪、指迷、鹞子、长拳、六路、八极、醉八仙、云帚、刚拳、五朵梅花、柳叶绵丝掌等。武当派的器械套路也有几十种，如六乘枪、四门枪、龙门十三枪、一苇棍、撼山易棍、玄武棍、混元铁棍、武当剑、白虹剑、八仙剑、三合刀、四门刀、戒刀、春秋大刀、雁尾单刀、虎尾鞭、连环铜、板凳拳、太极球等。武当拳派中还包含著名的"武当三十六功"，如玄武功、绵掌功、虎爪功、地龙功、浑元功、太极球功等。

道家讲究清静无为，又最讲究养生之道，所以武当拳的特点是技击与养生并重，主张后发制人，以静制动，后发先至，乘势借力。其风格多为尚意不尚力，贵化不贵抗，步走弧形，进以侧门，动如蛇之形，劲似蚕作茧，手法以翻钻为主，多用掌而少用拳。

武当拳系的形成时间，大概在明末清初，约与少林拳系同时。

峨眉拳系

峨眉拳系是指以峨眉山为中心的四川拳系，它是在中国南方地区仅次于南拳的第二大拳系。

峨眉山矗立于四川中部，雄浑高峻，绵亘百里，尽得巴山蜀水之灵气，是中国佛教的四大名山之一，相传是普贤菩萨的道场。

据说峨眉山上的和尚道士很早就有练武的传统，但史料很少记载。明代中期，抗倭名将唐顺之（1507—1560）写过一首《峨眉道人拳歌》，生动描写了峨眉拳法的快速灵巧。大概就在唐顺之推许峨眉拳法之时，峨眉的器械水平也正在悄然完成着质的飞跃，其标志是峨眉枪法名扬天下。峨眉枪法为峨眉山普恩禅师所

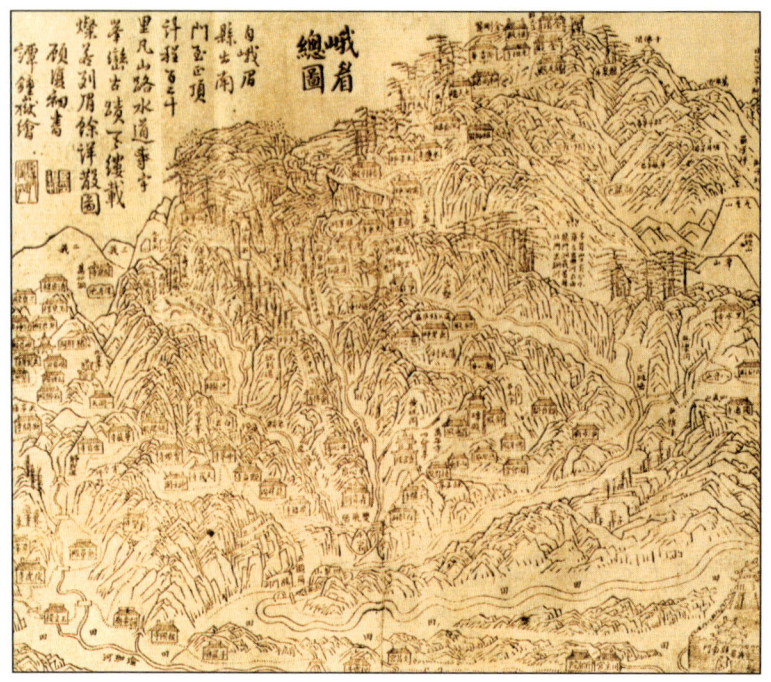

峨眉山总图　　《峨眉山志》，民国二十三年 (1934年) 刊。

传，曾对少林武术的发展产生过促进作用。

四川向称"天府之国"，经济文化发达甚早，与北方交流频繁，峨眉拳术就是在四川地方拳术与少林武功互相交流融汇的基础上形成的。在四川流传较广的僧门拳、明海拳、洪门拳、字门拳、会门拳、盘破门等，据说均源于嵩山少林寺。赵门拳、山东教等也与嵩山少林寺有渊源关系。但是，上述诸多拳派，多以短拳为主，"多拳少腿"，与"多腿少拳"的少林风格已有明显区别，已经四川化了。

峨眉拳系中也包括一部分土生土长的拳种，如余门拳、白眉拳、化门拳等。峨眉拳系中还有一些罕见的象形拳如蛤蟆拳、蝴蝶拳、攀花拳、黄鳝拳等。

此外，武当、南拳、形意、太极、八卦诸大拳系也都有拳路传入四川，有的已经衍化为峨眉拳系的一部分。

据近年统计，目前四川省内一共有67个拳种，流传1652个套路，另有276种功法。在这67个拳种中，属于四川本地的拳种有28个，占总数的41.79%。明显属于少林拳系的拳种有27个，占总数的40.30%。另外有12个拳种属于其他拳系。

巴蜀文化历来胸襟开阔、兼收并蓄，峨眉拳系正是巴蜀文化的一个缩影。

自然门名师杜心五先生

杜心五 (1869—1953) 为湖南慈利人，清末时毕业于日本东京农业大学，师从川人徐矮师，技艺大成，传万籁声。

南拳拳系

这是一个浸润着亚热带海洋情调与丘陵丛林气息的拳系。它以福建、广东为中心，广泛流传于长江以南地区，故称"南拳"。相传南拳源于福建的"南少林寺"，但是至今未能找到有力证据。

福建民风强悍，早在明代中期，福建地区的武功就已崭露头角。抗倭名将俞大猷是福建晋江（今泉州）人，是当时罕见的剑术高手和棍术大师。另一位武学大师戚继光（1528—1588）率领戚家军参加平倭战争，也曾长期在福建驻防。戚继光是山东蓬莱人，其武功当属于北少林一系。他亲自向官兵传授武艺，当对闽粤武功产生有一定影响。

广州元甲女学生表演功力拳　广东第11届全省运动会,1930年。

南拳的特点是门户严密，动作紧凑，手法灵巧，重心较低。南方人四肢较短，所以讲究贴身靠打，多出短拳，充分发挥"一寸短，一寸险"的优势。南拳威猛迅疾，灵巧绵密，刚柔相济，上肢及手型尤富于变化。其刚烈之气，威猛之势，灏然自成气象。

南拳拳系的形成时间，大概在清初到清代中期，即从17世纪末至18世纪末。它包括上百个拳种，广泛流传于福建、广东、湖北、湖南、浙江、台湾等省以及香港、澳门地区，并很早就流传

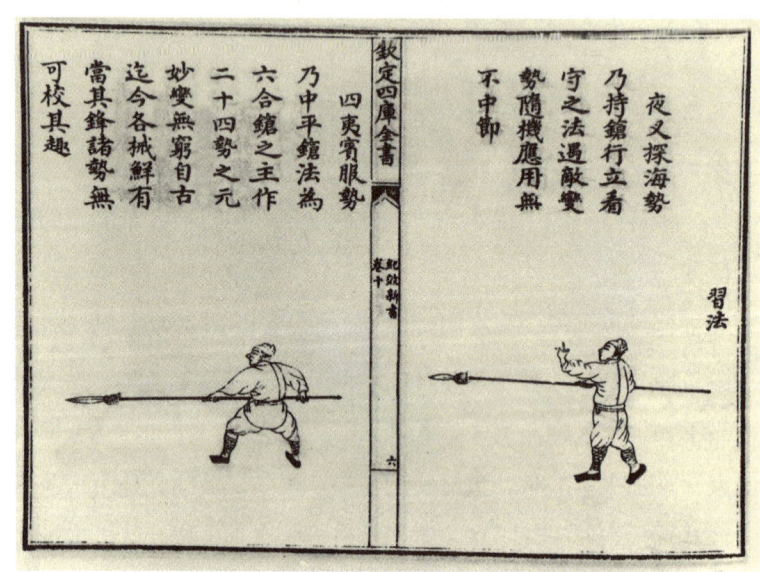

　枪法二十四势选二　明　戚继光《纪效新书》卷十

到海外，在东南亚、大洋洲、美洲扎下根来。若论传播中国武术的贡献，南拳拳系自当首屈一指。

太极拳系

中国武术中，最能体现中国人思维方式和行为方式的，莫过于太极拳了。

太极拳合技击与养生为一体，是一种意气运动。它要求以心行气，以气运身，意动形动，意到气到，气到劲到，劲由内换，柔中有刚，刚柔相济。太极拳由一系列螺旋缠绕动作组成，每个动作都呈圆形。从外观上看，太极拳全部是划圆的动作，与其他拳派迥异其趣。

在行拳时，它要求以腰为轴，节节贯穿，以内气催动外形，示柔缓于外，寓刚疾于内，沾手即发，以此体现出避实击虚、蓄而后发、引进落空、松活弹抖的独特技击风格。

在技击原则上，太极拳坚持重在防御，以守为攻，以退为进，即所谓"不敢为主而为客，不敢进寸而退尺"，讲究以弱胜强，以慢胜快，以少胜多，以巧胜拙，最忌以拙力死拼滥打，最忌硬顶硬抗。它是一种蕴含着深

太极拳分势练习法 每节四动，太极为体，推手为用。

第一节　揽雀尾——掤捋挤按

第二节　单鞭扶手上势，与鹤亮翅搂膝拗步

第三节　搂膝拗步倒攀猴

第四节　上步搬拦捶如封似闭抱虎归山斜搂拗步

第五节　十字手搂膝拗步海底针扇通臂

第六节　斜单鞭肘底看捶倒攀猴

第七节　单鞭云手

第八节　高探马左右分脚

第九节　上步栽捶翻身撇身捶退步搬拦捶

西峡王岳山（字松峰）先生所抄"太极拳分势练习法"手迹　1946年，河南开封。

奥哲理、充满了智慧的拳种，它集中体现了中国人的处世之道，体现了中国人对人生、对宇宙的悟解，可谓中国传统文化的一种特殊表现形态。

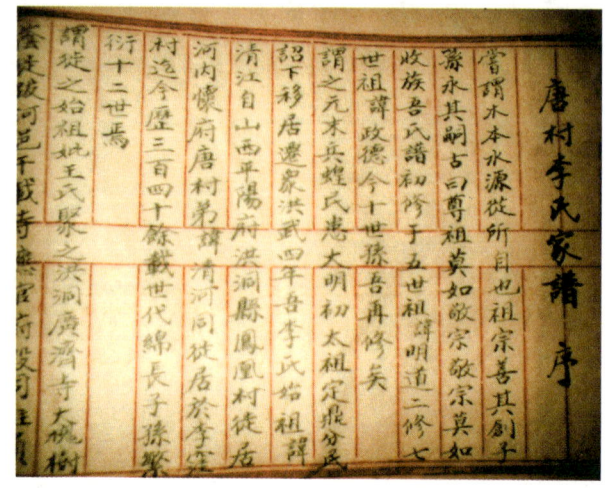

唐村《李氏家谱·序》— 清康熙五十五年 (1716年)

太极拳是内家拳中最富于智慧的拳种。然而，关于它的起源，却一直处在争论之中。根据2003年发现的清康熙五十五年（1716年）所修之河内唐村（今属河南博爱）《李氏家谱》，可以初步推断太极拳起源于河内唐村的千载寺，为唐村李氏与温县陈家沟陈氏所共创，具体创始人应为唐村李仲（1598—1680）、李信（岩）（1606—1644）兄弟与陈家沟陈王廷（约1600—1680），时间是明末清初。

经过明末清初的战乱变故，千载寺太极拳被迫衍化为两支，一支为唐村李氏，一支为陈家沟陈氏。从清初起，唐村李氏后裔曾在诸多省份广收弟子，传播拳艺。但由于年代久远，史籍失载，唐村李氏所传太极拳在各地的传承谱系已湮没无闻，无从考证，唯有唐村李氏嫡亲一系的拳艺传承幸赖《李氏家谱》而为后人所知。而温县陈家沟陈氏一系有所不同。在清道光年间（1820—1850）以前，太极拳大体只限于陈氏族人中代代相传，人称"陈氏太极拳"。直到晚清时期，陈氏拳艺才传外姓。其后，以北京为中心，衍化出杨、武、孙、吴四大流派，迅速流布全国。

杨氏太极拳始于河北永年人杨福魁（1799—1871）。他师从陈氏第十四代陈长兴（1771—1853），学艺十余年，后在北京屡挫名手，人称"杨无敌"。他将陈氏太极拳中一些难度较大的动作作了修改，使之不纵不跳，趋于简单柔和。此拳法又经福魁之子健侯、健侯之子兆清（字澄甫，1883—1936）的修改，就形成了目前流行较广的杨氏太极拳。

武氏太极拳始于武禹襄（1812—1880）。他也是河北永年人，秀才出身，曾从杨福魁学太极大架，后拜陈氏第十五代陈青萍为师，学陈氏小架。其后，他把杨氏大架和陈氏小架结合起来，于是出现了武氏太极拳。

孙氏太极拳始于孙禄堂（1861—1932）。他是河北完县人，早年为形意、八卦名家，在北京有"活猴"之称。后拜武禹襄的再传弟子郝为真为师，融形意、八卦、太极为一体，创编了架高步活、开合鼓荡的孙氏太极拳。

吴氏太极拳始于吴鉴泉（1870—1942）。他是北京人，满族，后改汉姓为吴。他的父亲全佑曾先后从杨福魁、杨班侯父子学拳，吴鉴泉得其父传。后来，吴鉴泉在杨氏父子拳架的基础上，又加以改进修润，使之更趋于柔和，于是形成了吴氏太极拳。

陈微明先生 1947年

陈微明（1881—1958）为杨澄甫弟子，曾在上海创办致柔拳社，著有《太极拳术》。

到了民国（1911—1949）初年，由陈氏太极拳衍化而出的杨、武、孙、吴各成一派，形成五花竞放之势，大名鼎鼎的太极拳系才算真正形成。它是中国诸大拳系中形成较晚的一个，但也正因为如此，它又成为中国诸大拳系中最富于活力的一支。

从陈王廷开始，陈氏族人一直是耕读传家，保持着文武兼修的优良传统，不仅历代多有技击高手，而且也出现了杰出的技击理论家。陈氏太极拳的这一传统也影响到其他四支太极拳。所以，直到目前为止，在中国的诸大拳系中，太极拳始终居有文化层次上的明显优势。研究太极拳的著作，不仅数量最多，而且有理论深度，在功法和技击方面较少保守性。再加上太极拳融技击与养生为一体，老少咸宜，所以能在短短几十年间，由北而南，风靡全国，成为发展势头最猛的一个拳系。

形意拳系

形意拳又叫心意拳或心意六合拳，与武当、太极、八卦并称内家四大拳派。但是，形意拳的风格却是硬打硬进，几如电闪雷鸣一般，在内家拳中独树一帜。

形意拳出现于明末清初之际，为山西蒲州（今永济）人姬际可（1602—1680）所创。相传姬际可早年曾到河南嵩山少林寺学艺十年，尤精枪术。后来，他变枪为拳，取"以意为始，以形为终"之意，创编出迅猛雄悍的形意拳。

数传之后，形意拳逐渐衍化出三大流派，内容也不断丰富。第一是山西派，代表人物是戴龙邦（1713—1802），他增编了"五行拳"。第二是河北派，代表人物是李洛能（1803—1888）。

形意拳名师卢嵩高先生像
卢嵩高（1873—1961），回族，河南马学礼心意拳法七世嫡系传人，上海心意拳开山祖师。

李洛能是河北深县人，以经商为主，拜戴龙邦次子戴文雄（1769—1861）为师，学艺十年，人称"神拳李"。李洛能创立了"三体式"，回到河北原籍后传授不少弟子，形成河北一派。第三是河南派，代表人物是戴龙邦的师兄弟马学礼（1714—1790）。马学礼是洛阳人，回民，所传多为河南回民，形成河南一派。民国初年，河北、河南两派形意拳先后南传至四川、安徽、上海等地，其后又远传海外。山西一派至今流传不广。形意拳系的最终形成应在清末。

形意拳基本属于象形拳，它的主要套路多是摹仿一些动物的捕食及自卫动作创编而成，即所谓"象形而取意"，如龙、虎、猴、马、鼍、鸡、鹞、燕、蛇、鲐、鹰、熊，等等。山西、河北两派以十二形为主，河南派以十形为主。在实战中，山西、河北两派多用梢节（拳掌），河南派更注意发挥中节、根节的作用，多用肘膝和肩胯击敌。

形意拳雄浑质朴，动作简练实用，整齐划一，讲究短打近用，快攻直取。在技击原则上，形意拳主张先发制人，主动进攻，抢占中门，硬打硬进，"遇敌犹如火烧身，硬打硬进无遮拦"，"拳打三节不见形，如见形影不为能"，"起如风，落如箭，打倒还嫌慢"，"不招不架，只是

【形意十二形之"鲐"】

鲐（音 tai），又名兔鹞，是一种尾短的小鹰，人们叫它"秃尾巴鹰"，猎户得之，幼时磨其爪（因原爪过于尖锐，以免捕捉时损伤野兔皮毛），喂养以捕野兔。野生的多站高枝，头常向下，尾向上倒立着（即竖尾），为俯窥狡兔、野鸟，以便疾下捕捉。在拳的击法上，因人是用双臂在身前学其用尾，是借肋腹发劲，形成前挤上撑而发竖尾之劲，故它用的是"肋腹打"。原来，形意拳的技法达到高超境界时哪沾哪打，惟有人的肋腹处不能发劲打人，故李洛能予以增补之，使形意拳的技法更加全面。

年画：岳飞收何元庆　清末，天津。
岳飞（1103—1142），宋代抗金名将。何元庆占山抗拒岳飞，两次被擒，均被释放。何元庆感愧，率众投诚，共抗金兵。图中持双链者为何元庆，正与岳飞交战。事见《说岳全传》。故老相传，形意拳为岳飞所创，但无根据。

一下"。

　　形意拳也属于道家拳派，讲究内功训练，在应敌时要求以意念调动出休内的最大潜能，以意行气，以气催力，仕触敌前的一瞬间发劲，而且要求肘部不得伸直，缩短了出拳距离，使得出拳具有较强的穿透力，往往可对敌人内脏造成伤害。

　　20世纪20年代，河北深县人王芗斋（郭云深的弟子，1885—1963）又在形意拳的基础上舍形而取意，创立了意拳（曾名"大成拳"）。意拳的出现标志着中国武术的一次革命。王芗斋大胆舍弃了武术的所有传统套路和固定招法，返璞归真，将站桩功提高到首要地位。意拳没有套路，没有固定招式，只讲随机应势，

王芗斋先生像

应感而发。王芗斋曾多次迎战外国高手，均是一招将对方击倒。

形意拳动作简约，切于实战，顺应了武术发展的潮流，所以传播很快。此外，该拳系的历代传人较少保守性，并致力于理论研究。它与太极拳系一样，都是以其潜在的文化优势而显示出旺盛的生命力。

八 卦 拳 系

八卦拳就是八卦掌，为晚清董海川（1796—1882）在北京所传。董海川是河北文安人，早年精罗汉拳（属少林拳系），后云游四方，在江皖深山中遇一道人，得授八卦掌，武功大进。中年以后，董海川定居北京，所传弟子近千人，弟子们所学各有所得，迅速衍化出多种流派。其主要流派有：

董海川先生画像

尹式八卦掌，为尹福（1840—1909）所传。尹福为职业武师；

程氏八卦掌，为程廷华（1848—1900）所传。程廷华在北京开眼镜铺，人称"眼镜程"，八国联军入侵时，被德军枪杀；

宋氏八卦掌之一，为宋长荣所传；

宋氏八卦掌之二，为宋永祥所传；

梁氏八卦掌，为梁振蒲（1863—1934）所传，他14岁拜董海川为师，艺成后曾在河北冀县等地开设"德胜镖局"。

由此可知，八卦掌传至第二代时，已经衍化出尹、程、二宋、梁等五个支派，于是在清末民初，以北京为中心，初步形成

手持八卦大刀的傅振嵩宗师　1929年
傅振嵩（1881—1953），少年时代师从董
海川高徒贾岐山，1928年被中央国术馆
聘为八卦掌总教师。他博采众长，创立了
傅式太极拳，不仅在国内独树一帜，享
有盛誉，而且在美国、加拿大、巴西和东
南亚各国也广为流行。

八卦拳系。

　　大约在光绪初年，形意名师郭云深（1855—1932）慕名到北京，与董海川议决合形意、八卦为一门。后张占魁（1864—1948）既从董海川学八卦掌，又从刘奇兰学河北派形意拳，遂融二者为一，创编出"形意八卦掌"，目前在四川、上海等地都有流传。

　　八卦掌以掌代拳，步走圆形，突破了以拳为主、步走直线的传统拳法，为中国武术开辟了一方新天地。其步法以提、踩、摆、扣为主，左右旋转，绵绵不断。八卦掌以走为上，要求意如飘旗，气似云行，滚钻争裹，动静圆撑，刚柔相济，奇正相生。行如游龙，见首不见尾；疾若飘风，见影不见形。以此应敌，则避实击虚，手打肩撞，皆可以意为之。

兵　器

中国古代有"十八般武艺"之说，其实是指18种兵器的使用。至于究竟是哪18种兵器，历来说法不一，一般是指弓、弩、枪、棍、刀、剑、矛、盾、斧、钺、戟、殳、鞭、锏、锤、叉、钯、戈。

实际上，中国古代的兵器远不止18种，而且武林中人所用兵器与军队作战所用颇有不同。武林中人讲究的是单打独斗，而军队讲究的是群体作战，号令统一，因此在兵器使用上有较大差异。

武林中有许多奇门兵器，另有形形色色的暗器，其总数可达百种之多，其中有不少已经失传，还有些濒临失传。近年来，武林中最常用的兵器当属刀、剑、枪、棍、鞭五种。

兵器库　画像石，汉，河南南阳出土。
兵器库中悬挂有矛、戟、弓、盾等，下方为守护者。

战国青铜钺
钺作为一种兵器，由青铜钺头、长柄构成，钺头尖锋直刃、扁茎，穿透力很强。钺的式样与斧相同，惟较斧为大。

戈
戈是中国古代一种特有的带柄兵器，可用于勾、啄、割等。它有横刃前锋，垂直装柄，其内刃用于勾割，外刃可以推杆，而前锋用来啄击对方。在古代，戈和干合称"干戈"，是各种兵器的统称。

短兵器

　　所谓短兵器，是指其长度一般不超过常人的眉际，分量较轻，使用时常单手握持的兵器。最常见的短兵器是刀和剑。

　　刀的套路有单刀和双刀两种，均以劈砍为主。单刀要求勇猛迅疾，多有缠头撩花动作。双刀更富于观赏性，好手起舞，犹如团雪翻滚，不见人影。

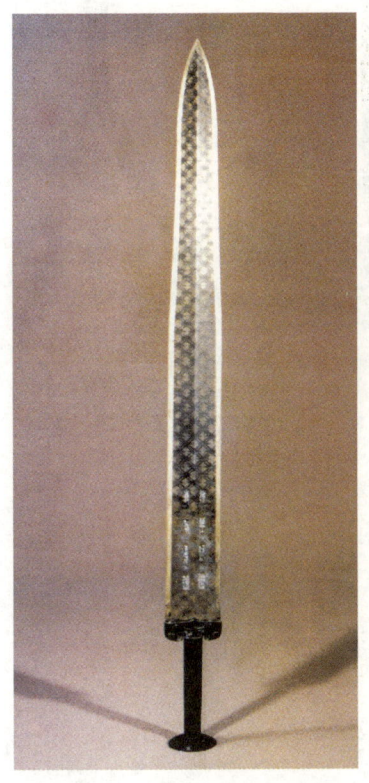

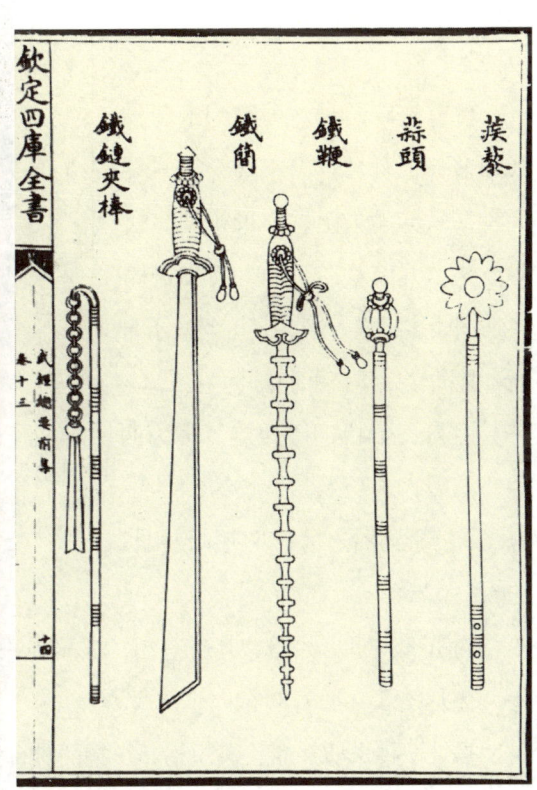

越王勾践剑　春秋晚期，湖北江陵出土。长55.6厘米，宽4.6厘米。剑身铭有"越王勾践自作用剑"，剑刃依然锋利，光泽夺目，为吴越名剑之代表作。

宋代各种短兵器

剑为双刃，以撩刺为主，分单剑与双剑两种，以单剑为多。有的剑在剑柄上配有剑穗（又称"剑袍"），称为"文剑"。无剑穗的剑称为"武剑"。

斧在今天也是一种短兵器。古代作战时用的斧多是长柄，俗称"大斧"，属于长兵器。另有一种短柄斧，俗称"板斧"。

鞭有软硬两种。硬鞭为钢制，共13节，俗称"竹节钢鞭"，末端尖锐，以劈砸为主，亦可挑刺。软鞭俗称"九节鞭"，由九节细钢棒或细铜棒连缀在一起，长度略次于身高，其动作以缠绕和抡圆为主。

锏为长条状钢质兵器，多为四棱，无刃，末端无尖，长约0.8米，也属于劈砸兵器。另有双锏，每根长约0.6—0.7米。

钩是一种多刃兵器，其身有刃，末端为钩状，护手处作月牙状，有尖有刃。

拐是一种木质兵器，有短拐、长拐两种，短拐长约0.7米，长拐长约1.3米。拐的特点是在木棒靠近末端处置以横柄，呈"丁"字形。拐可用来击砸，又可用来钩拉锁拿对方兵器。

杖与拐相近，但其横柄置于木棒末端尽头，亦呈"丁"字

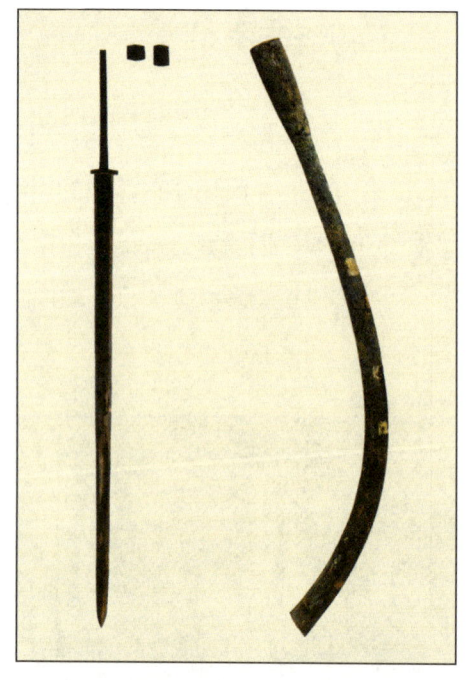

扁茎剑（左图）和吴钩　秦，陕西临潼出土。

扁茎剑之剑茎如兰叶，极为锋利，一次尚能划破十八层纸。出土时熠熠生辉，雄姿犹存。经化验，剑之表面含有铬化物之氧化层，使剑身免于生锈。

吴钩，通长66厘米，双刃对开，齐头无锋，可推可钩。唐人李贺诗云："男儿何不带吴钩，收取关山五十州。"此钩出土，使有关文献记载得到印证。

形。杖长约1.2米，可单手使用，也可双手使用，其技法有钩、挂、崩、点、拨、撩、戳、劈、扫、击等。

鞭杆是一种木质短棒，长约1.3米，杆梢略细，据说是从马鞭杆衍化而来。鞭杆短而无刃，便于携带，使用方便，流行于西北地区。

古代还有一种短兵器叫"铁尺"，长约0.6米，细长而扁，无尖无刃，以劈砸点戳为主，清代时还比较流行，目前已极为罕见。

长兵器

武林中最常见的长兵器是枪、棍、大刀三种。

在武林中，枪被誉为"百器之王"。俗话说"枪扎一条线"，要求扎出平直，即所谓"中平枪，枪中王，当中一点最难防"。枪法以拦、拿、扎为主，兼有劈、崩、挑、拨、带、拉、圈、架诸法。

棍是历史最悠久的

徐宁教使钩镰枪 《水浒传》第五十六回插图
钩镰枪是在枪头锋刃上有一个倒钩的长枪。《水浒传》中，梁山泊依靠汤隆制造的钩镰枪和徐宁（原为京师金枪班教头）训练出来的士兵，才得以破了宋军的连环马阵。

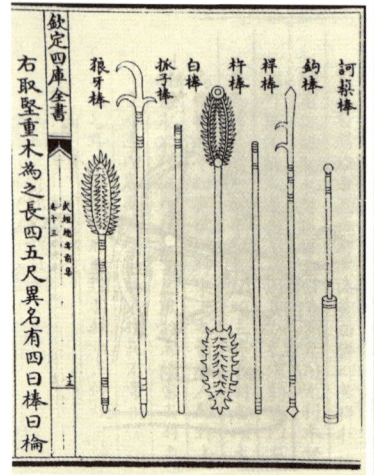

宋代各种棍棒

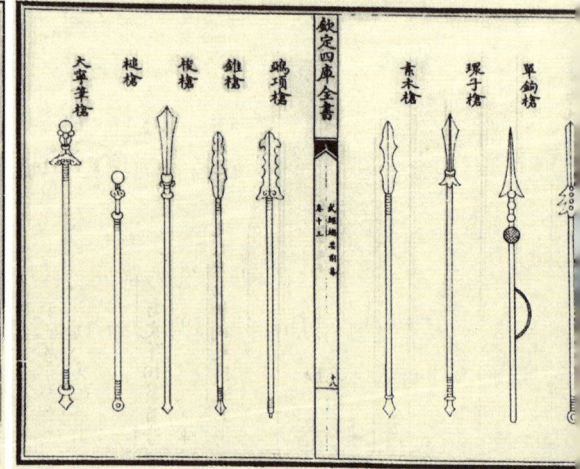

宋代各种长枪

长兵器，最早被叫做"殳"（古时的殳有棱无刃）。棍有多种，从形制上分，有长棍、齐眉棍、梢子棍等；从质地上分，有木棍、铁棍、铜棍等，以木棍最常见。棍法以威猛快速为上，多有旋扫及舞花动作，打击空间较大，故称"棍打 人片"。

三节棍是将三节硬木短棍用铁环连在一起，可收可放，天矫多变。梢子棍是在棍之末端以铁环连一硬木短棍，在应敌时可收到出其不意的效果。

剑形戟　战国中晚期，南阳市博物馆藏。
此戟形制奇特，为罕见利器。

大刀是将刀身后装上长柄，又名"春秋大刀""偃月刀""长刀"。唐代（618—907）大刀全长达3米，重7.5公斤，两面有刃，称为"陌刀"。如今武林中所用大刀皆是一面有刃。另有一种朴刀，其刀柄比大刀柄短些，刀身窄长，也是双手使用。

清末，中国官员的随从们。 他们手中拿着竹杖、三股钢叉和大刀。

长兵器另外还有几种。戟在南北朝（420—589）以前是一种流行兵器，有长柄单戟和短柄双戟两类。短柄双戟属于短兵器。长柄单戟又分两种：在末端置有左右两个月牙的，叫"方天戟"；仅一侧有月牙的，叫"青龙戟"。

叉是一种常见的兵器，古代多为猎户所用。末端分两股的，名叫"牛角叉"；末端分三股的，名"三头叉"或"三角叉"，俗称"虎叉"。叉法本于枪法，重在中平一势，也可锁拿对方兵器。

铲是一种不多见的兵器，最早是农民用的除草工具。铲杆的前后都装有兵刃，前端是一个弯月形的铲，内凹，月牙朝外；尾部是一个斧状的铲柄，末端开刃。相传铲最初是佛门兵器，又名"方便铲"或"月牙铲"，演练时身法轻盈而别致，有推、压、拍、支、滚、铲、截、挑等击法。

钯也是由农具演变而来的兵器，其末端装九齿铁钯，齿锋利

如钉。钯全长2.4米左右，重2.5公斤，可拍击，亦可防御。

锐属于罕见兵器。其形制如叉，末端正中有尖头，称为正锋，长约0.5米。正锋靠后处横一月牙，月牙朝外，月牙上嵌着一排利刃。锐柄长达2.5米，尾端装有棱状铁钻，称为"镈"。

暗 器

所谓"暗器"，是指那种便于在暗中实施突袭的兵器。中国武术中的暗器至清代而集其大成，达于鼎盛。清末火器盛行以后，暗器才逐渐被冷落，但至今武林中仍有人习练此技。

暗器可分为手掷、索击、机射、药喷四大类，每一大类中均包括若干种。

手掷类暗器有标枪、金钱镖、飞镖、掷箭（甩手箭）、飞叉、飞铙、飞刺（包括三棱刺、峨眉刺）、飞剑、飞刀、飞蝗石、鹅卵石、铁橄榄（枣核箭）、如意珠、乾坤圈、铁鸳鸯、铁

鎏金铜弩机　西汉，山东临淄出土。

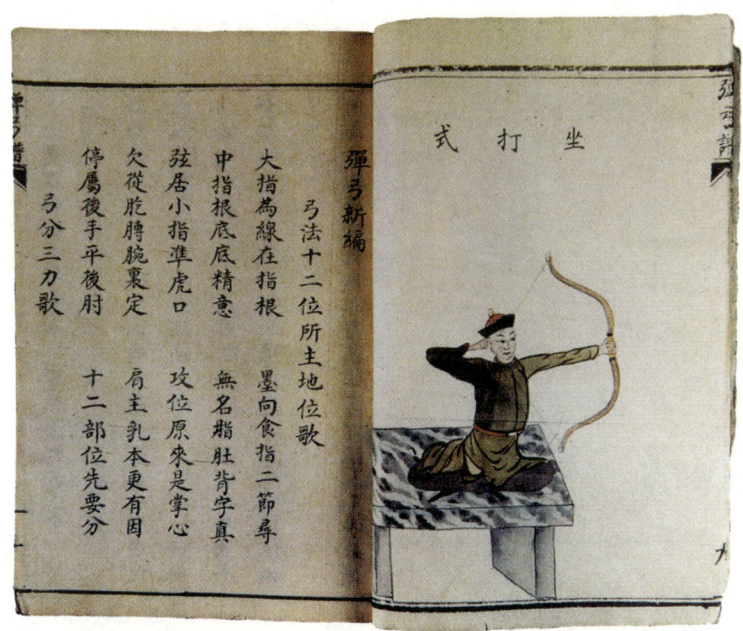

弹弓谱　清咸丰十年 (1860年) 刊本，北京首都图书馆藏。

蟾蜍、梅花针、镖刀（三尖两刃）等。

索击类暗器有绳镖、流星锤、狼牙锤、龙须钩、飞爪、软鞭、锦套索、铁莲花等。

机射类暗器有袖箭、弹弓、弩箭、紧背花装弩、踏弩、雷公钻等。

药喷类暗器有袖炮、喷筒、鸟嘴铳等。

还有一些暗器很难归入以上四类，如吹箭、手指剑、钢指环、手盔、匕首、手锥等。

在所有暗器中，手掷类暗器应用最广泛，式样也最多，下面择要介绍几种。

飞镖，又名"脱手镖"，有三棱、五棱、圆柱等形状，前面均为尖头。镖长约10厘米，重约0.2公斤。镖的末端常系有红绿绸

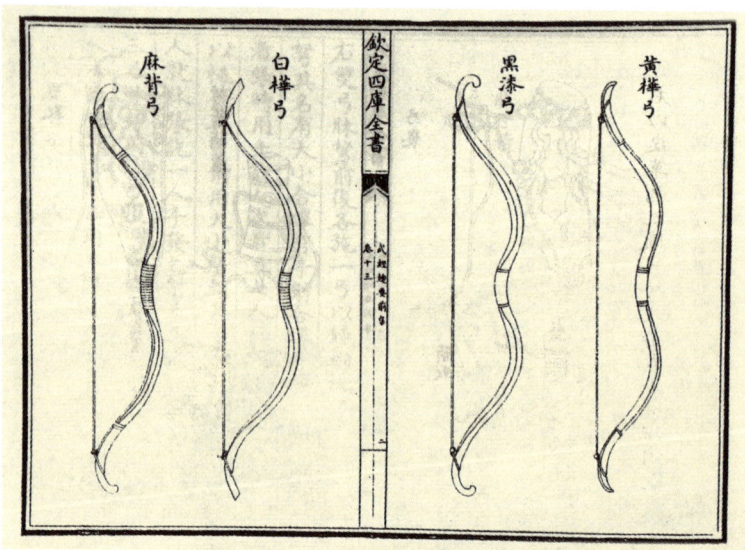

宋代的各种弓

布，叫做"镖衣"，长约8厘米，有助于镖稳定飞行。

金钱镖，即把旧时的方孔铜钱当镖来用。一般的金钱镖，多是将铜钱的周边磨得锋利，犹如刀刃，掷出时飞旋而前，仗恃其边刃伤人。

掷箭又名"甩手箭"或"摔手箭"，因必须甩腕发出，故名。掷箭完全用细竹制成，箭杆浑圆，前端削尖，后不加羽，犹如一根削尖的竹筷。

飞蝗石是有棱角的细长状坚石，因其外形略如蝗虫，所以叫"飞蝗石"。鹅卵石就是河滩上的椭圆形石块。飞蝗石和鹅卵石都是易见之物，因此在武林中十分流行。

飞叉以铁铸成，其前端多分三股，正中一股稍长。三股前端都制成锐利的枪头状，左右两小股的外缘也开刃。飞叉全长约27厘米，重约0.25—0.5公斤，叉柄从后到前渐细，尾部最粗。

　　铙原是一种圆形打击乐器，铜铸，后来被武林中人改为暗器。飞铙分大小两种，大飞铙直径约35厘米，小飞铙直径约17厘米，又名"飞钹"。大飞铙中心贯有绳索，可持索舞铙，属于索击类暗器。小飞铙无索，又名"脱手铙"。

　　飞刺也有多种。一种是三棱刺，两端尖锐，中端略粗，中间有环，可贯于指上。一对三棱刺重约1.5公斤，每根三棱刺长约40厘米。另一种是峨眉刺，其外形大小类似三棱刺，但浑圆而无棱，中间也有环，便于水战。用于投掷的飞刺是另一种，其粗细如毛笔管，两头锋锐，中间略略隆起，全长约20厘米，重约0.2公斤。

　　铁橄榄又名"枣核钉""枣核箭""核子钉"，长约2厘米，重约15克，用纯钢打制而成。

　　梅花针也是一种罕见暗器。其构造是五枚钢针在根部相连，击中敌身后，分刺五点，状如梅花五瓣。针的长度约3厘米。

　　乾坤圈是铁制圆圈，直径约15厘米，内外沿全部开刃，抛出

矢镞　战国青铜器，天津宝成博物苑藏。

后以旋飞击敌。

如意珠即人们随手把玩的钢球或玉球，也可用山核桃。

在索击类暗器中，最常见的是绳镖、流星锤、飞爪、软鞭四种。

绳镖是在钢镖尾部系一长索。钢镖比普通飞镖略大，长约0.2米，重约0.3公斤，头尖尾广，尾部为圆形，有一铁环，用以系索。绳索长约6.7—10米。

流星锤是将长绳末端系上铁锤，掷出以伤敌。铁锤外形，或作浑圆，或作瓜形，或作多棱，重约1.5—2.5公斤，最重者可达4.5公斤。

飞爪是一种很厉害的暗器。爪为钢制，略似手掌，有五个钢爪，每个爪又分三节，可张可缩，其最前一节末端尖锐，犹如鸡爪。钢爪掌内装有机关，可控制各爪。钢爪尾部系有长索，与机关相连。

软鞭有长短两种。长鞭全长约3.5米，有一木柄，长约30厘米；短鞭全长约1.2米，也有一个短木柄。鞭子用上好兽皮分三股

铁莲花

制弩弓　《天工开物》插图

《天工开物》是中国古代一部综合性的科学技术著作，作者是明代书中科学家宋应星(1587—1661)。书中收录了多种兵器的生产技术。

编成，愈近鞭梢愈细。将鞭根固定在木柄上，手握木柄运鞭。

　　铁莲花为罕见暗器，它是用薄铁做成花瓣状，然后铆在一起，状如莲花，后部系有长索。

　　机射类暗器以袖箭最为常见。

　　袖箭有单筒箭和梅花袖箭两种。这两种袖箭都是将箭筒缚于小臂处，筒之前端贴近手腕。箭筒内有弹簧，筒上装有机关。单筒箭每次只能装入一箭。梅花袖箭一次可装入六支小箭，正中一箭，周围五箭，排列成梅花状，可连续发射。袖箭的箭杆用细竹削成，长约20厘米，前端装铁质箭头。单筒袖箭的箭筒长约24厘米，直径约2.4厘米，用铜铁铸成，筒顶有孔，为装箭处。筒前开孔，为箭射出处。梅花袖箭的箭筒稍粗，直径约3.5厘米，长度大

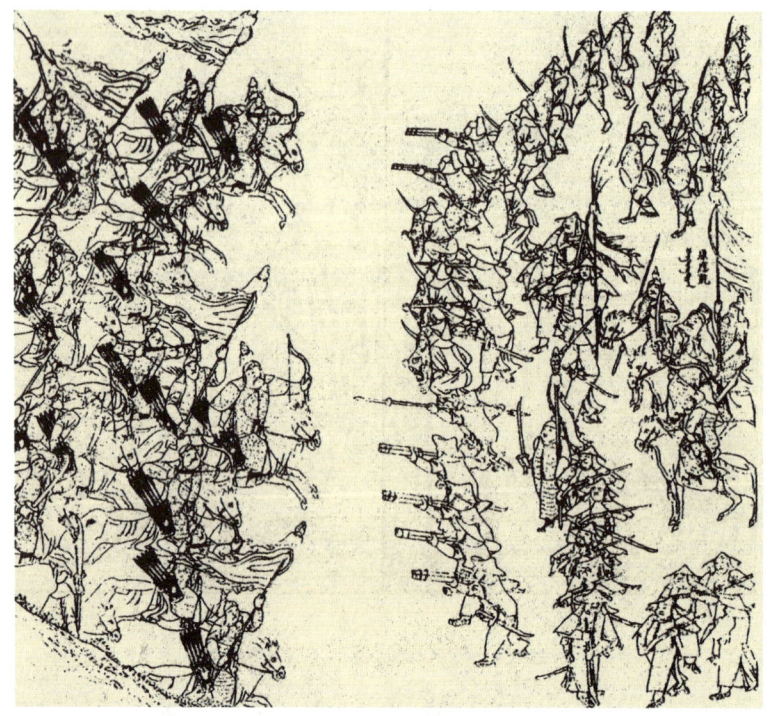

明军与后金军对垒图　《清实录》

图中右面明军的前排士兵，以火器配合长刀、短刀及长枪列阵，而左面的后金军仍以弓箭作战。

约也是24厘米。

弩是另一种常见的机射类暗器。

弩用硬木制成，其中间刻有一纵槽，以放置箭杆。弩的后部有弓，用弩机控制。弩的形制很小，一般长约33厘米。

药喷类暗器以袖炮使用最广。

袖炮是一种混用火药的特殊暗器。它由古代的前膛火炮演变而来，实际上是一种小型前膛火器，因其细小，故名"袖炮"。袖炮用一根酒盅粗细的竹管制成，长约40厘米，竹管外加三道铁箍。竹管一端为炮口，周边包以薄铁皮；竹管另一端为药凹，也套以薄铁。

习武三阶段

中国武术虽然门派繁多，功法、技法不计其数，各有不同，但武术作为一门学问，其修炼的规律则各门派大体相似。根据中国武学的一般规律，可以把练武过程分作三个阶段，也可称作三种境界，即炼精化气（明劲）、炼气化神（暗劲）、炼神还虚（化劲）。炼精化气是初级阶段，重在训练基础功夫，消去拙力，练出刚猛之劲。炼气化神是中级阶段，重在消去刚劲，渐长柔劲，以意行拳，充实内力。炼神还虚是高级阶段，重在炼至柔至顺之劲，周身内外全凭真意运用，达到拳道合一的至上境界。

在炼精化气这个阶段，习武者要通过各种基本功法的反复练习，将浑身的拙力逐渐消去，而代之以刚猛的劲力。

基本功是武术的入门功夫，大体包括桩功、腿功、臂功、腰功、指功、眼功等。有了上述入门功夫的基础，才能开始练拳。这时才是炼精化气阶段的真正开始，练入门功夫仅是为这一阶段作准备而已。

炼精化气的目的，就是"换力"。凡是未练过武术的人，与人较量时所凭都是本力，即身形僵硬之力，又称蛮力或拙力。这种蛮拙之力随着生理机能的衰老会很快消退，并不是武术中所要求的劲力。劲力是依靠周身协调，以腰为轴，以心为帅，在刹那之间爆发出来的那种弹抖崩爆之力，其势猛，其速疾，其劲冷

练功碑　清，广州越秀山。

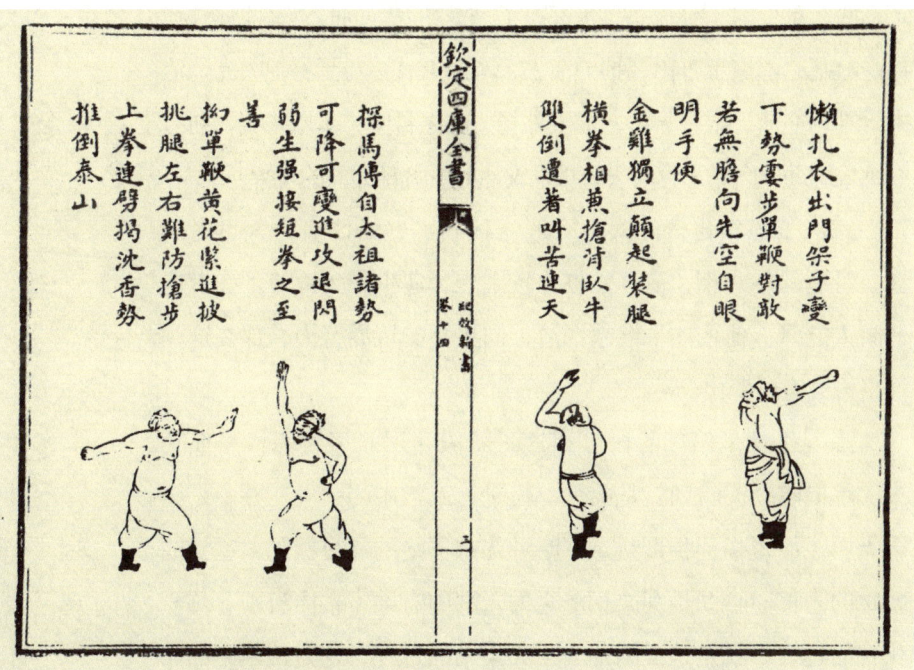

懒扎衣出门架子变 下势霎步单鞭对敌 若无胜向先空自眼 明手便 金鸡独立颠起装腿 横拳相黄抢诗臥牛 臥倒遭著叫苦连天

探马傅自太祖诸势 可降可变进攻退闪 弱生强接短拳之至善 拗单鞭黄花紧进披 挑腿左右难防抢步 上拳连劈揭沈香势 推倒泰山

拳经 明 戚继光《纪效新书》卷十四 此为戚继光手定，屏弃花法，讲究实用。

脆，犹如迅雷不及掩耳，闪电不及瞬目，击人立中，跌人立仆。

崩弹之力主要是靠身体诸大关节，如肩、肘、腕、胯、膝的猛烈抖甩而发出的。无论以什么部位击出，它都是全身的合力，要靠全身关节的同步配合，劲力顺畅，一发而出。明劲练到一定程度，可以不必预先大幅度蓄势而能发劲，即在极小的空间内单靠关节的抖动就能爆发出力道不小的弹劲，俗称"寸劲"。

在炼精化气阶段还要解决一个问题，就是学会拆拳。所谓拆拳，就是把武术套路中的攻防动作逐一分解出来，参研其实战意义。学会拆拳，是武术中技法训练的关键。

学会了基本功，又学会了若干套路，进而学会拆拳，练熟若

干招式，手、眼、身、法、步都有了一定功底。同时，又能逐渐把周身散乱之气聚于丹田，拙力渐去，刚劲渐长。待到将拙力完全消去，刚力充沛，眼神如电，威气外扬，体强骨坚，步履稳实，则已经练成明劲，完成易骨功夫，可以说达到了炼精化气的境界。

完成了炼精化气的人，一般身体壮实，矫健有力，目光威猛，时有凶暴之相，而且性格比较刚烈，遇事不太冷静，多有恃艺骄人之气。他们如果继续深造，向更高的境界努力，那么这种性格将会有所变化。

炼气化神是第二阶段。在这一阶段，习武者要完成易筋功夫，练出暗劲。暗劲就是柔劲。但是，武学中的"柔"并不是柔弱无力，而是指那种形断意不断、绵绵不绝的具有极强柔韧性的特殊的力道。暗劲是刚柔相济之力，刚中有柔，柔中有刚。炼气化神的过程，就是消去刚劲、渐长柔劲的过程，这是武学中的第二次"换力"。

炼气化神的关键是炼气。其实，早在炼精化气的阶段，习武者就应当学会把身体各部的散乱之气收聚于丹田，只是那时还达不到使真气周身游走、收发自如的地步。

经过多年静心养气的内功磨炼，随着刚劲渐消，血气渐去，而柔劲渐长，元气渐盛，练出暗劲的人大多神志清爽，精神充沛，刚烈之气渐渐沉销，柔和之气渐渐充实。一旦遇事，态度比较冷静，轻易不会同人动手。

练成了暗劲的人，经过了多年的刻苦磨炼，对武学的博大精深、不可穷究的道理有了更深一层的体会，所以，他们大多待人谦和，没有盛气凌人的架子，也不会动辄炫耀武功，恃技欺人。在完成易筋功夫的同时，习武者的体形和神态也可能会发生某些

中央国术馆副馆长李景林先生
(1885—1931) 表演太极剑　1930年

变化：一是体形渐趋于瘦健，少横蛮肥重之态；二是步履轻捷而稳实，少拖沓滞重之病；三是目光渐趋清朗慈和，临敌时则威神自出，目光如冷电，少凶暴浮露之相。到了这种地步，就基本上达到了炼气化神的境界。

炼神还虚是武学的高级阶段，也是内功的高级阶段。在这一阶段，要完成易髓功夫，练出化劲。将暗劲练到至柔至顺的地步，就是化劲。当然，它并不排斥攻防格斗等招式技法，可是相对而言，招式技法已经退到次要的地位。

炼神还虚是对人体中枢神经及其反应能力的高级训练。根据中国传统的气功理论，炼神还虚最终应在上丹田（泥丸宫附近的球形区域）完成，炼气化神在中丹田（中脘、鸠尾诸穴之后的球形区域）完成，炼精化气在下丹田（脐下深处的球形区域）完成，由下而上，逐次升高。炼神还虚的要诀是"虚静"二字。"虚"指心内虚空若谷，"静"指心境淡泊守一。老子曰："致虚极，守静笃。"要求心境达到极度空明宁静的状态，这样才能归根复命。道家养生术认为："不认不知，无声无臭，名曰希微，只这个便是全真妙本，人能透得，即刻知机"（《中和集》卷六，载《正统道藏》四十五册）。也就是说，必须对外界的任何干扰全不理会，心

中不存任何芥蒂，一无阻滞，听不到任何声音，闻不到任何气味，凝神守一，不懈不僵，久而久之，才能悟透个中的玄妙之机。

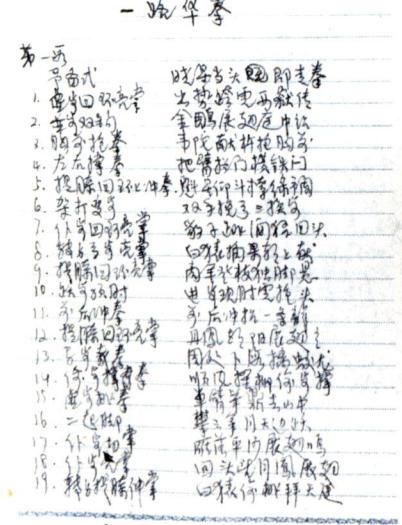

本书作者所抄《一路华拳》拳谱 1971年，河南开封。

达到了炼神还虚境界的武术家，大多性格豁达，心胸开阔，待人谦和有礼，不同人作无谓之争。练成了化劲的人才真正能称得上武学大师。他们大多儒雅清秀，似有仙风道骨。他们目光清朗澄澈，神态慈祥和蔼，步履轻盈飘逸，两眉正中隐隐若有红光，拳经上叫做"一点灵光吊在眉"，又称"光聚天心"。不过，能达到这种境界毕竟太不容易了。

一个人如果从十岁开始习武，而且他天资聪颖，悟性甚高，又有名师指点，兼以环境较为适宜，在不间断练武的前提下，大约需要至少20年时间才能走完从明劲到化劲这一段漫长的路程。等他成为真正的武学大师时，恐怕已经30岁开外了，但实际上所耗费的时间比这大概还要长些，内功的修炼与年纪、阅历、文化修养极有关系，一般是人到中年以后才能悟出个中的真谛，完成由浅入深、由浅乱到浑厚的修炼过程。所以，真正在武学上大有成就的人大多在40岁以上。

武术特点

中国武术是中华民族历史文化的产物，其中渗透着民族的心理气质特征，同外国的各种搏击术相比，它显然具有自己的民族特点。

系统性

在中华民族的历史文化遗产中，武术是一个庞大而完整的系统。同其他文化遗产相比，它又具有相对的独立性。

中国武术派别繁多，但各门各派无不以阴阳五行学说作为共同的哲学基础，也无不以"形神合一""拳道合一"作为武学境界的最终归宿。在拳术理论方面，多以儒、释、道互补的形式出现。而其内功训练，多借鉴于中国古代医学及道家养生术。因此，中国武术实际上是集中国古代哲学、医学、兵学、技击、养生术于一身，从而形成了一个庞大而丰富的理论体

少林寺武僧在山间练功对打

系，这在世界搏击界中是独一无二的。

世界上流行的其他搏击术，无不以快速凶狠为特点。它们虽然也有各自的一套理论，但多着眼于攻防动作的外在形式，而于搏击术的内涵却探讨较少。有的搏击术，像泰拳就是只有简单的招式，并无套路，一味追求迅疾凶猛，没有高深的理论可言，反映了热带民族刚烈轻躁的心理特征。日本空手道由中国少林拳法衍化而来，体现了日本民族顽韧好胜、勇猛凶悍而又遵守纪律的特有气质。拳击则反映了西方民族好动恶静、追求刺激的心理特点。相比之下，中国武术显得深邃平和，动静相间，开合互寓，刚柔相济，这与中华民族的心理气质特征是分不开的。

有序性

中国武术中无论何种门派，其练功程序都有严格的规定，习武者必须遵守一定的程序，一步一个脚印地踏实苦练，并无快捷方式可寻。多数门派都遵循着基本功——拳路器械——内功这一途径，由外而内，由宏阔而精微；再由内而外，由精微而宏阔，直至内外无间，形神合一，技乃大成。

中国武术的这种严格的程序性建立在古代格斗术与道家养生术相结合的基础上，这在世界上也是独一无二的。泰拳和拳击以力量为基础，这种力量大体相当于中国武术中的刚劲，即那种快速冷脆的爆发力。日本空手道训练中虽然也有内功内容，但仍以刚猛之力为主。它们的训练完全以实战为目标，远不如中国武术那样严谨有序。

渐进性

这是由系统性和有序性规定的另一个特性。学习中国武术必须有巨大的耐心和韧性，只能渐进，不能速成，这是因为中国武术对基本功要求很高，强调打好基础，对初学者很少传授实战技术；又因为中国武术以内功为根基，重视养生作用和道德修养，即养气、立德，并不总是把技击功能放在第一位。这种指导思想同外国搏击术大相径庭。

空手道、泰拳和拳击都是以搏击对方为目的。虽然这些搏击术也都有各自的基本功训练，但基本功训练不久即辅之以实战训练，所以初学者很快就会掌握某些实战技能。习泰拳者，经过基础训练、单招训练、仿真实战训练三个阶段，即可参加擂台实战，其间大约需要五年时间。对于中国武术来说，五年时间最多只能练好刚劲，还只是武学中的初级阶段。如果让一位练过五年泰拳的拳师同学了五年中国武术的人交手，那么后者很可能抵挡不住前者凌厉刚猛的攻势。倘若五年之后再让这两位拳师交手，则中国拳师未必就不能战胜对方。倘若再隔五年，则中国拳师恐有较多取胜把握。因为外国的搏击术多凭刚猛之力，急功近利，只求实战效用，且职业拳师多凭此赚钱，所以一过30岁，往往力气衰竭很快，运动生命早早便结束了。同时，由于外国搏击术多不讲究内功，训练过猛，实战中又很容易受伤，许多拳师都留下了终生难愈的伤症。西方拳击手能高寿者甚少，泰拳师平均寿命更短。日本相扑选手平均寿命仅四十几岁，和泰拳师的平均寿命差不多。

中国武术的渐进性的特点，一方面使初学武术者的实战技能进展较迟缓，同时又由于它合于养生之道，在武技的锻炼中有助于延年益寿，而且只要经年坚持武术训练，最后也必将掌握足够的实战技能。这种渐进性在年龄层次上表现得十分明显，外国搏击术的高手大多烜赫于20至30岁间，一过30岁绝大多数即退出赛场。中国的武林高手却大多成熟于30岁以后，不少人在40岁前后乃至更晚一些才能达到巅峰状态，他们的成名绝技可以一直保持到六七十岁甚至更久。

本德性

义勇武安王位　墨线版印，宋元时期，陕西平阳，俄罗斯圣彼得堡国家美术博物馆藏。
三国名将关羽是仁义神勇的化身。北宋宣和五年（1123年），他被敕封为"义勇武安王"。

中国武术以立德养性为本，主张养气合道，文事武备，从来反对好勇斗狠、凶残暴戾。在许多武术家眼里，练武只是立德养性、强健身体的一种手段，而不是目的。中国武术界历来把武德视为头等大事，各门各派都立有严格的"门规"。一个人，不管他武艺多高，一旦干出了大奸大恶之事，也必为武林中人所不齿。同时，武林中的各门派也都训戒本门派弟子不得轻易与人交手，惹是生非，更不准倚仗武艺欺凌不会武艺的人，但又共同提倡见义勇为、锄强扶弱。

中国武术以内功为根基，内功以养气为基础。养气以太和为旨，不偏不倚，不刚不柔，亦刚亦柔。太和之气与

55

年画：赵云大战长坂坡　清中期，天津杨柳青。

赵云，三国时期蜀国名将。图中绘赵云怀抱幼主，被围垓心，正苦战曹营众将。该图以墨蓝色彩绘制，供服孝人家贴用。

争强好胜之心背道而驰。气合于理，拳合于道，气愈充盈而争强好胜之心愈消。所以练拳的人功夫愈高，脾气反而愈好，心胸愈加开阔，极少与人斗气争胜，逞一时之强。这种以立德养气为本的指导思想也是中国武术所独有的。

观赏性

中国武术的绝大部分套路动作都具有一定的观赏价值。武术寓人体的健美灵敏于攻防动作之中，套路的编排讲究动静结合，起伏变化，具有独特的节奏感和韵律美。武术以较大的力度、较快的速度，在特定的时空条件下重现若干攻防动作的组合变换，并且具有一定的难度，可以充分展示人类的勇于拼搏和富于进取的精神气质。中国武术的美学风格又是多样化的，如劈挂拳、八极拳、查拳、华拳诸拳路节奏明快，动作大方舒展，富于阳刚之美；蛇拳蜿蜒游走，多以指掌吞吐发力，富于阴柔之美；八卦掌、太极拳则刚柔相济，劲若抽丝，绵绵相续，集阳刚阴柔于一体。这种美学风格的多样性和高度的观赏价值，更是世界上其他任何搏击术所无法比拟的。

影星卢翠兰在南京冬赈游艺会上表演剑舞　1930年12月

从根本上讲，武术的
观赏价值与它的技击
功能之间存在着
一定的矛盾，武
术中许多实用的招
式并不一定美观。纵观中国
武术发展的历史，两千多年以
来，经历了一个由简到繁，又
由繁而简的曲折道路。中国早
期的武术一定是比较简单的，也
没有那么多流派拳路。宋、元、

青岛栾秀云表演剑术　1934年

明之际，各派武术竞起，繁富而多姿，至清初而达于鼎盛。但大
约从明末以来，太极、形意、八卦等内家拳相继出现，它们以少
胜多，删繁就简，内容更为朴实、简练、实用，套路愈加精炼简
化，不少外家拳也出现了这种倾向。这反映了中国武术发展的一
个规律，即技击功能在武术发展中始终是第一位的，它决定着武
术的发展方向，而观赏价值始终是次要的，居于从属的地位。

总之，中国武术是独特的，它是中国传统文化的固有形态之
一，这是任何外国的搏击术都无法替代的。它必将以自己特有的
技击之术和练功之道登上世界搏击舞台。

武术与中国文化

中国武术是千百年来民族智慧的结晶，是民族传统文化在武技一道的体现，也是民族心理个性在健身自卫领域的合理反映。中国武术的哲学核心是儒家的中和养气之说，同时又融汇了道家的守静致柔、释家的禅定参悟等诸多理论，呈现出三教合一的文化风貌，深蕴着天人合一的东方韵趣，从而构成了一个博大精深的武学体系，成为世界上独一无二的"武文化"。

在中华民族的诸多文化形态中，武术是一个高度封闭的文化系统。除了汉魏时期（前206—公元265）传入的佛法，它几乎没有受到过任何外来影响。武术又基本上来自社会下层，更多地反映出中国古代下层百姓的性格气质，以及他们的思维方式和行为方式，颇有点平民色彩。因此，武术应属于相当纯粹的民间文化形态。与琴棋书画、诗文金石等所谓"雅文化"相比，它似乎显得坚硬而粗砺。中国武术以其山野草莽之气为深厚底蕴，始终保持着原始古朴的乡野风貌，富于刚健诡异之美，至今仍不失为中国传统文化领域中的一块净土。

武术萌生于中国文化这片土壤，中国传统文化孕育它形成，养育它成长，促进它不断发展、完善。因此，它必然要受到中国传统文化的影响和制约。从总体上来说，它受中国古代哲学、兵学、中医、养生术、宗教、文学、艺术影响较深，反过来又影响这些文化形态，它们相互浸透，相互交融，交相生辉，使中国文化更加绚丽多彩。

武术与养生

中国武术讲究形神合一，内外兼修。内养性情，固气壮丹；

外练筋骨，手足矫健，历来被人们视为养生之道。武术的锻炼机体、祛病健身的功能是人们所公认的，它还能起到延缓衰老的作用。但是，是否练了武术就一定能够长寿？是否武功越高寿命就越长？这还是一个值得探索的问题。

身体强健与生命长在并不是同一个概念，二者之间虽有一定联系，但并不存在着相等的关系。许多事实证明，长寿是一个十分复杂的问题，它涉及到许多因素，不能仅以是否练武术或练气功来作为唯一的条件，当然也不能据此作出片面的判断。

（一）武术的健身功能

练武术可以强健筋骨，这已是尽人皆知的道理。但是强健筋骨只是外在的表现，武术的健身作用更主要的是体现在对人体中枢神经系统和内脏器官的锻炼方面。中国古代养生术认为：精、气、神是人体的"三宝"，也是生命的存在方式。"精"指元精，发于肾，为生命的根本所系，故又称"命门"（不是命门穴）。"气"指元气，来自先天，伏于肾阴。"神"即人的本性、真意，系精、气的外部显现。

清初著名学者颜元像
颜元（1635—1704）是一位罕见的文武全才。他提倡实学，反对空言，开创了颜（元）李（塨）学派。他又精通技击，内功深厚。此画像于民国初年发现于山西太原。

河南留学欧美预备学校 (1912—1921, 今河南大学) 武术队　河南开封

　　精、气、神都是先天就具有的，与生俱来。人之后天，七情六欲纷至沓来，元精散遗，元气损耗，神不守舍，致使人百病丛生，精力劳损，神思疲虑，精神消沮，未老先衰，难尽天年。古代的道家养生术就重在以后天之气培先天之气，进而使精、气、神都能逐渐恢复到先天的状态，以达到人与自然界的高度统一和谐。

　　有人认为，练太极长拳能够增强肌体的内外协调，平衡阴阳，疏导气血，可以预防高血压，并对诸多慢性病有一定疗效。九宫八卦掌有修复细胞膜的功能，可增强肌体的抵抗力，有预防癌变的作用。太乙五行拳可增强脏腑功能，协调脏腑关系，并可降低血脂，宣肺强心，改善血液循环，可以预防冠心病。其实，不仅是上述诸拳种，所有的拳术，只要循序渐进，按照正确的方法坚持锻炼，都能起到健身的作用。如果再与行气结合起来，那就会对身体更有益处。

太极拳名师杨澄甫先生 (1883—1936) 行拳照

中国武术中还有不少保健功法，形意拳中就有"健身桩功"。这种桩功以"清虚其心，轻松其体"为原则，通过多种静止的姿式或柔缓的动作，使练功者情绪安静，意念集中，藉以调节人体中枢神经的兴奋和抑制过程，消除大脑皮层的紊乱和疲劳。同时随着中枢神经发出多种良性刺激信号和一系列的功法操练，活跃人体各系统的生理机能，增强和改善内脏器官的功能，从而起到内壮外强的医疗保健作用。形意健身桩功包括龙形功、虎形功、猿形功、熊形功、调养功等，适用于年老体弱者及慢性病患者。

一个真正内外双修、武技与武德均达到很高水平的武术家，总是能保持虚静的心理状态，不为富贵所动，不为荣辱所激，不奔走于权贵之门，不汲汲于人生得失，更不会轻易炫耀技艺，恃技傲人。在这样的武术家身上，武术的健身作用会得到最充分的体现。所以，武术健身首先是对精神的陶冶和净化。筋骨壮健只是外在的形式上的强壮，心理虚静，"自胜者强"，才是内在的、最重要的强壮，这是武术健身的真谛。

63

溥仪练拳 民国初年，北京故宫博物院藏。清人以马上得天下，故世代皇室皆注重弓马拳跤，即便羸弱如废帝溥仪 (1906—1967) 者，也曾在故宫练拳。

（二）练武不等于长寿

道理是从无数客观事物中抽象出来的。人们常见一些终生习武的老人，白发银髯，而精神矍烁，步履矫健，就得出了练武一定长寿的结论。的确，练武有健身祛病的作用，有利于延年益寿。但是，那些年逾百岁的老寿星中，又有几位是会武术的呢？

在武林高手中，年过九十的不乏其人，像太极门的杨禹庭（1887—1982），形意门的马梅虎（1805—1924）、刘万义（1820—1918），弹腿门的张占鳌（1817—1916）、王子平（1881—1973）等等，可以列出一个很长的名单。可是，笔者在查阅一些近代武术名家的生卒年月后，却发现了这样一个问题，即有些武术名家并非长寿，只是中寿，即使是练同一拳种的，寿命差别也很大。太极名家吴图南先生（1884—1989）享年达105岁，而同是太极拳大师的杨澄甫、李亦畬（1832—1892）、陈照奎（1928—1981）诸位先生享年仅五六十岁。当然，一个人寿命的长短同遗传因素、经济状况、生活条件、心理素质等诸多方面均有关系，由诸多因素相互制约而决定，但由此也可以看出，练不练武术并不是决定一个人是否长寿的唯一条件，而且练了武术也未必就一定长寿。

为什么练武术未必一定长寿？还要从练武的规律说起。初学武术，第一步是练好基本功，把拙力换成劲力。在这一阶段，不管春夏秋冬，也不管是风霜雨雪，每天都要练功不懈，稍有不慎，很容易落下腰疼、关节疼诸病症。练形意拳的，如果落脚太

96岁道士宁教宽表演射箭　山东国术考试，1934年。

重，容易落下腿脚伤症。这些病症在年轻力壮时因气血正旺，症状还不太明显。一旦年老体衰，则往往疾病缠身，备受折磨。武术中的某些功法，如踢桩功、铁头功、铁臂功等，初学者年轻气盛，急于求成，极易造成筋骨之伤，落下后遗症。所以，在练明劲的阶段，容易落下外伤。

到了练暗劲和化劲的阶段，主要是以内功为基础，阳刚之劲渐消。练内功时主要凭个人揣摩，意念导引，很难与同道切磋商量。一般的拳师授徒，多是教拳械套路，很少有给徒弟传授内功的。因此，不少习武者的内功常常是靠自己一点一滴摸索出来的。在摸索的过程中，很有可能走弯路，出偏差。

在练习内功时，除了本人凝神敛气之外，还要求周围环境幽静清爽。如果在运气时突然受到意外惊吓，很容易使真气散乱，乃至窜乱经络，轻者影响练功，重者则可能引起神智混乱或部分肢体瘫痪，这就是所谓"走火入魔"。因此，在练暗劲和化劲时，如果练功方法不当或遇到意外，所落卜的多为内伤。练周天功时，如果上气过猛过急，可能造成头晕，容易诱发高血压症。

一般的武术家们还有一个特点，就是争强好胜，喜欢同人比试。不少人艺成之后行走江湖，以武会友。所谓"以武会友"，就是凭武功广交朋友，在与同道会面时往往要较量武功，谁也不甘心落败，所以往往是全力以赴，伤人之事时有所闻。所以，一个成名的武术家，一生中不知要与人交手多少次。

一般的武术家都具有强烈的胜负意识。他们从初学武术时起，就牢牢树立了"以技胜人"的信念，在这种胜负意识的支配下，武术家常常保持着高度的临敌心态，似乎随时随地都准备同别人较量，所以随时随地都有一种戒备心，都要保持较佳的竞技

红衣罗汉像　1944年，张大千绘。
画中罗汉趺坐于竹木泉石之间，目光炯然，神态自若，如入清心绝俗之境。

状态，以备一旦有变，立即出手。这种时时保持着的临战心理使武术家们总是处在一种情绪比较紧张的状态中，而且数十年如一日，这无疑也是一种无形的精神压力。现代医学认为，长期的精神紧张状态对人的健康是很有害的，容易导致心血管系统方面的疾病，也容易诱发癌症。

综上所述，由于身体和心理两个方面的原因，武术家不一定就是长寿之人，练武也未必一定等于长寿。返观那些百岁老人，

十个中倒有九个没有练过武术。他们多居住在山村，没有污染，空气清新。他们本人心胸开阔，与世无争，生活俭朴，少有烟酒等不良嗜好，又经常参加劳动，所以得尽天年。

（三）谈谈气功

在中国武术里，气功被称作"内功"，又叫"炼气"。"气功"这一名词是在清末才出现的，古代称为"行气"或"导引"。它是在经络学说的基础上以调息运气为主要表现形式的一种健身方法，被视为中国传统的养生之道。

中国的传统文化，可谓是儒、释、道三家合流。作为中国传统文化的一个小小分支，气功也大体分为儒家、道家、佛门三类。其中，儒、道两家气功都起源甚早，佛门气功则是随佛教传入中国的。

儒家气功以"存想"和"坐忘"为其特征，以静坐为其主要形式。道家气功源远流长，典籍丰富，影响最大。它以《周易》和阴阳五行学说为指导。《周易》本是儒家的典籍，所以儒道两家气功可谓同源而歧出，两家互相影响，互相渗透。由于道家于此用功最勤，著作

禅宗坐禅图

【禅宗】

禅宗，是汉传佛教十三宗之一，传说始于菩提达摩，盛于六祖惠能。中晚唐之后成为汉传佛教的主流，也是汉传佛教最主要的象征之一。禅宗不要求特别的修行环境，而是随着某种机缘，偶然得道，获得身处尘世之中而心在尘世之外的"无念"境界，而"无念"的境界要求的不是"从凡入圣"，而更是要"从圣入凡"。禅宗主张修道不见得要读经，也无须出家，世俗活动照样可以正常进行。得道者日常生活与常人无异，只是精神生活不同。在与日常事物接触时，心境能够不受外界的影响，换言之，凡人与佛只在一念之差。

禅宗为加强"悟心"，创造许多新禅法，诸如云游等，这一切方法在于使人心有立即足以悟道的敏感性。禅宗的顿悟是指超越了一切时空、因果、过去、未来，而获得了从一切世事和所有束缚中解脱出来的自由感，从而"超凡入圣"，不再拘泥于世俗的事物，却依然进行正常的日常生活。

最丰，因而儒家气功在发展过程中受道家影响较多。

佛门气功也有不少流派，以净土宗、禅宗、天台宗、密宗四家最有影响。

从唐朝以来，中国佛教各教派中就以禅宗为最盛，净土宗次之，宋朝以后禅净合流，称为"禅净双修"。净土宗发愿往生西方极乐净土，在世俗民众中最有市场。禅宗讲究悟性，在知识分子中影响最大。禅宗气功以禅定、参悟为其主要表现形式，多为坐功（坐禅）。天台宗起源于浙江天台山，倡导止观法门，并以此法门指导气功修炼，以静坐为主，重视气感，伴有自发功。

密宗又称瑜伽密教，三国时期（220—280）从印度传入，唐代时曾在长安（今西安）、洛阳等地传播，并远传日本，开创日本真言宗一派。后经晚唐"会昌法难"及五代战乱，遂成绝响。

但该派一直在西藏地区流传，并衍化出数个分支。密宗气功与古印度的瑜伽术关系密切，但仅限在西藏地区流传，内地罕有人知。直到20世纪三四十年代，密宗气功方为内地所知。

在辗转流传的历史过程中，儒、释、道三家气功早已互相渗透融合，我中有你，你中有我。

气功应当成为一门科学。但是，由于历史的原因，它不可避免地带有浓厚的宗教意识和巫文化积淀。在中国，养生之道与气功有不解之缘，而武术中的内功又与气功相通。

气功的产生和发展似乎同人类的自我膨胀意识有密切的关

系。早在人类的童年时期，人类就幻想获得一种不受任何条件制约的、可任意为之的超自然的能力。他们由于在现实中无时不受到自然规律的支配，又常常遭到自然规律的残酷惩罚，所以就幻想摆脱这种软弱被动的局面，诸多神话，就是童年人类在幻想中对大自然和宇宙的挑战。

后来，随着社会的发展，人类慢慢趋于成熟，幻想逐渐减少。但是，人类的自我膨胀意识并没有随之而消失，而是浓缩、积淀在灵魂的深处，变成了一种潜意识，世世代代遗传下来。

实际上，人类是从来不会自甘寂寞的。在向大自然挑战的幻想屡屡破灭以后，他们一直在谨慎地寻求着新的挑战目标。于是，一个最实际、最常见，而又无须承担太大风险的目标被发现了，这就是人体自身。

渺小的人与威力无比、变幻莫测的大自然构成了一对实力悬

导引图（复原）　西汉，湖南长沙出土。
图中绘有44个姿态各异的男女图形，附有简要文字提示，内容包括治疗功与保健功。

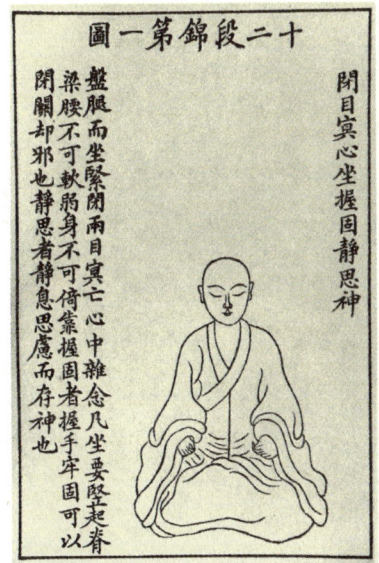

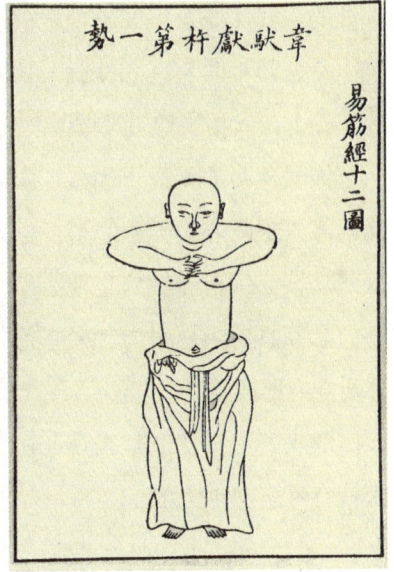

《十三段锦》第一图 《内功图说》，清咸丰八年（1858年）刊。

《易筋经》第一势 《内功图说》，清咸丰八年（1858年）刊。

殊的矛盾。面对这强大的对手，人几乎是无能为力的，于是人试图向自己的生理极限挑战。在东方，中国人借助道家的养生术，印度人借助佛教的瑜伽术，早在两千年前就开始了对人体自身能量的认识和开发，这就是今天所说的气功。

在对人体自身能量的开发过程中，我们的前辈发现，通过练气功，竟然可以使平凡的人获得某种不可思议的功力。例如，气功可使人全身肌肉坚实如铁，不怕外力击打，这是武术中的"金钟罩"功夫，又称"铁布衫"；也可使躯体极其柔软，曲伸如意，这是武术中的"童子功"；还可使人的气力增大许多，掌断砖石，脚断石碑，这是武术中的硬功；又可祛病健身，延年益寿，这是养生功。

在那种迷幻般的、妙不可言的气功境界中，蛰伏在人们心灵

深处的自我膨胀意识又悄悄地被诱发了。人类很想超越自己，超越生命，超越时空，想挣脱一切束缚。于是，在气功的既有事实的基础上，人类的幻想又被激发出来。

人最珍贵的无过于生命，中国人对此领会得尤为深刻，所以比西方人更醉心于养生之道。根据中国传统的气功理论，要想练好气功，必须首先做到心地清净，摒弃名利，守虚尚静，戒绝妄心，必须具有大忍耐力、大坚行志、大寂寞心，并有相当悟性，才可能有所成就。

气功的健身功能是客观存在的事实，但如果将它片面夸大，那就有可能走向反面。

武术与文学影视

武术是中国的"国粹"，而与武术紧紧联系在一起的，是中国人那种挥之不去的"侠客情结"。从先秦到民国，悠悠两千余年，有关侠客的传闻史不绝书，由此形成了一种特殊的文化形态，即"侠文化"，其核心是侠客的行侠仗义行为，而侠客情结正是产生侠文化的社会心理基础。

侠客情结在文化形态领域的集中体现是武侠小说的长盛不衰。

人们爱读武侠小说，其着眼点并不在于那种种匪夷所思的绝世武功，而在于书中人物那种豪雄坦荡、敢作敢为、一诺千金、万死不辞的巨大的人格魅力。在作家的笔下，那些侠客们仗剑遨游天

【中国人的"侠客情结"】

"侠客情结"基本上属于民间文化的范畴，它是下层百姓对现存秩序的幻想中的反抗，也是下层百姓对幻想中的完美英雄人格的向往。所谓"物不平则鸣"，社会不平是"以武犯禁"的根本原因，也是织就中国人侠客情结的历史根源。诚如《水浒传》中所言："禅杖打开危险路，戒刀杀尽不平人。"在中国人的侠客情结中，还蕴含着一个执著的心理祈求，那就是对那种巨大人格力量的向往。文化史研究证明，在一个民族的历史发展进程中，该民族最缺失的某种群体性品格，往往成为该民族多数个体持久的精神追求。而在中国，最追求的就是那种不含奴颜和媚骨的健全人格。

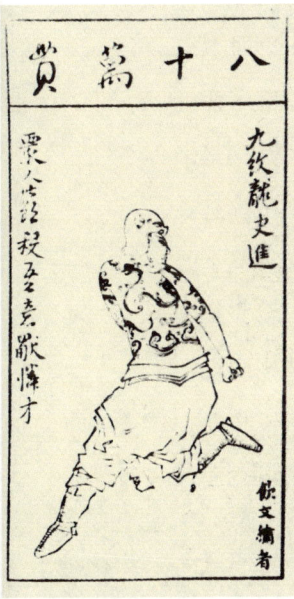
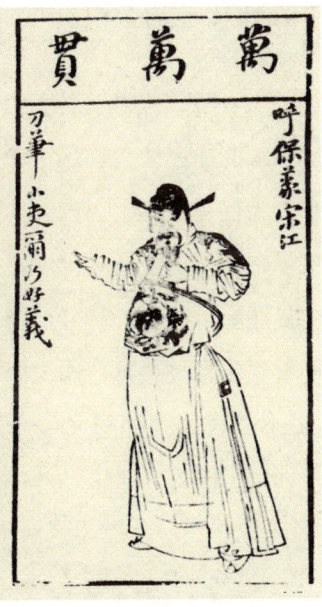

木刻《水浒叶子》: 宋江、史进
明末 陈洪绶

下，放浪形骸，天马行空，徜徉于世俗之外，凌越于法律之上，白眼对公卿，坦裼骂王侯；或隐迹于荒山古寺，或出没于酒楼歌榭，华宴豪饮，一掷千金。美人与醇酒常伴，寒刃共明月交辉。他们顽强地与逆境抗争，与命运搏击，爱得热烈，恨得真切，生也坦荡，死也悲壮，向读者展示了真正的潇洒人生，真正的辉煌生命。人生如此，复有何憾？

　　侠客情结在诗文、戏曲领域也颇有反映，即以诗歌而言，如曹植（192—232）的《白马篇》、李白（701—762）的《侠客行》、李颀（690？—751？）的《别梁锽》，一直到晚清金和（1818—1885）的《兰陵女儿行》，都是描写高超武功和侠义行为的，至今传诵不绝。迨至20世纪，电影和电视先后繁荣，武侠人物又现身于银幕荧屏。

　　当然，武侠作品并不是生活的真实，而是幻想的真实。那是常人的美妙梦境，百姓的真心呼唤。在中国，武侠作品或许将成为民族的永恒童话，而侠客情结作为一种特殊的精神元素，也早已融入民族心理的历史积淀，将成为中华民族心灵史上一种永久的追忆。

（一）从《游侠列传》到《宝剑金钗》

司马迁（前145—前90）在《史记·游侠列传》中记载了西汉初期为侠者20余人，其中对郭解的描述较为详尽生动，其次是朱家、田仲、剧孟等人，其余均为仅提及名字，未详其生平事迹。于是，郭解、朱家等人就成了中国历史上最早出现在文人笔下的侠客形象。《游侠列传》中描述郭解的那一部分很像一篇完整的短篇小说，对后来的武侠小说起了某种奠基作用。但严格来说，《史记》属于历史传记，还不能算是纯粹的文学作品。此外，《游侠列传》着力渲染的是郭解们的侠义之道，而丝毫没有提及他们自身的武功。从这一点来说，《游侠列传》与后来的武侠小说又有很大区别。

中国真正的武侠小说出现在唐代中晚期，均为短篇，史称"唐人传奇"，流传至今的有十余篇，其中的《红线》《聂隐娘》《虬髯客传》《昆仑奴》均堪称佳作。唐人传奇为其后的武侠小说提供了一套写作模式，例如，神出鬼没、匪夷所思的神奇武功，侠义行为与神怪方术的相互结合，侠义之道与尽忠观念的合二而一，佛教的轮回意识与道家的羽化思想的相辅相成，等等，由此构成了中国古代武侠

版画:焦挺力胜黑旋风　明,《忠义水浒全传》插图。

年画:大战邓车　晚清,北京。取材于《三侠五义》。邓车善铁弓,人称"神手大圣",因庇护采花大盗花蝴蝶,与北侠欧阳春等大战。

小说的基本特征。到了宋代,话本大量涌现,短篇小说趋于繁荣,而武侠小说却是颇受冷落,值得一提的大概只有《杨温拦路虎》一篇,但该篇文笔呆滞,形象干瘪,远非上乘之作。这种情况与时代风气有关。唐人恢弘锐进,盛行尚武之风,而宋人文弱柔靡,耽溺游宴之乐。反映在文风上,唐人劲健鹰扬,富阳刚之气;宋人柔媚丽密,多纤巧之态。尽管唐人传奇大多出现在唐代中晚期,其时内忧外患,国势已衰,但盛唐遗风流韵所及,典型不远,其笔力之雄健,亦非自开国伊始便国力颓弱的宋人所可企及。

　　明初,长篇小说《水浒传》问世,标志着中国武侠小说走向成熟。行侠与武技的结合,对武技一道的工笔重彩的描绘,成为《水浒传》的一大特色。《水浒传》主题是"逼上梁山",一直被认为是反映农民战争的代表作。然而小说中有关战争场面的描写,大多平平无奇,甚至有不少败笔。平心而论,《水浒传》乃是一代武林的辉煌长卷。梁山泊好汉们为了一个"义"字,纵横

江湖，攻州掠县，干出了多少惊天动地的大事。《水浒传》把血性男儿之间的江湖义气写到极致，让此后的所有作家望之兴叹。《水浒传》的憾人之处在于对义气的张扬，其传神之笔则多是对打斗场面的描绘。《水浒传》之所以不朽，实得力于此。而梁山泊好汉们的主体，实际上是一帮游民，鲜有务农者。

到了清初，先后出现了《水浒后传》《隋唐演义》《说岳全传》等长篇小说，它们都明显受到《水浒传》的影响。迨至晚清，长篇武侠小说再度繁荣，比较著名的有《儿女英雄传》《三侠五义》《七侠五义》《小五义》《绿牡丹》等。另有《施公案》等"公案小说"，其中多有描写侠客者。明清时期，短篇武侠小说也有发展，明末凌濛初（1580—1644）的《刘东山夸技顺城门，十八兄奇踪村酒肆》、清初蒲松龄（1640—1715）的《侠女》可谓代表之作。

水浒之"三打祝家庄" 木雕，广州陈家祠

民国时期，天下动乱不止，30余年间几无宁日，而武侠小说却畸形繁荣，出版数量多达665部，远远超过了其他任何题材的小说数量。

民国时期的武侠小说大体可分为两类，一类是专写拳棒技击，不涉乱力怪神、仙法妖术，以王度庐（1909—1977）的《宝剑金钗》和宫白羽（1899—1966）的《十二金钱镖》为代表。另一类是在武技描写中揉入了许多所谓"神功"，多有剑仙斗法、剑光千里取人首级之类的荒诞情节，以平江不肖生（向恺，1889—1957）

年画：穆桂英大破天门阵　清，江苏苏州。
穆桂英，中国戏曲及小说《杨家将》中人物，杨宗保之妻、杨门女将之一，是中国古典文学巾帼英雄的典型。

的《江湖奇侠传》和还珠楼主（李寿民，1902—1961）的《蜀山剑侠传》为代表。当时又有所谓"南派"、"北派"之分，南派作家以向迟、顾明道（1897—1944）为代表，多有虚幻之笔；北派作家以王度庐、宫白羽、李寿民、郑证因（1900—1960）为代表，其文风有实有虚，而多数偏于写实。当武侠小说极一时之盛，渐趋末路时，有的作家又把武侠与秘密会党结合起来，出现了所谓"帮会小说"，如姚民哀（1893—1938）的《四海群龙记》。

值得一提的是，郑证因的《鹰爪王》分正续集，长达200万字，他另外还写了十余部与《鹰爪王》人物有关、情节相连的作品，构成了一组庞大的系列小说，开了武侠系列小说的先河。书中一些人物性格的设计，如老谋深算的"续命神医"万柳堂、游戏三昧的燕赵双侠、心狠手辣的"女屠户"陆七娘等，另如顾明

道在《荒江女侠》中对侠骨柔肠的描写，都对后来的新派武侠小说有所影响。

（二）新派武侠小说

金庸（1924—　）出，而使中国武侠小说柳暗花明，臻于极致，中国文学也由此平添了一股阳刚之气和柔媚之情，标志着中国武侠小说跨入了一个新时代。

这似乎是一种历史的机遇。进入20世纪50年代以后，由于政治方面的原因，武侠小说在中国大陆迅速销声匿迹，一些曾经红极一时的作者从此从文坛消失。然而，正是在这个时候，金庸从地处海隅的香港悄然崛起，成为武侠文学的一面大旗。

这一代新人，从香港、台湾站出来的，除了金庸以外，还有

宣宗射猎图　明　图绘宣德皇帝（1426—1435年在位）身着胡服，郊野射猎之情景。金庸小说《碧血剑》、《鹿鼎记》中的阿九、九难即为大明公主。

梁羽生、古龙、东方白、卧龙生等，另有一位侨居美国的萧逸，他们构成了一个新的作家群体。他们的作品，被称为"新派武侠小说"。

新派武侠小说既是成人的童话，又是当代的神话。它们继承了《宝剑金钗》《十二金钱镖》等优秀作品的艺术传统，着力开掘人物的内心精神世界，努力塑造个性鲜明、血肉丰满的艺术形象。同时，它们又借鉴了《江湖奇侠传》《蜀山剑侠传》等作品的浪漫风格，借助山川景物，奇想迭出，使书中的不少人物既不缺乏正常人的七情六欲，又赋予他们以种种超神入化的武功，把他们塑造成亦神亦人、神人合一的艺术形象，呈现出近乎神幻小说的艺术意向。于是，新派武侠小说成了童话与神话的合二而一之作。在这些方面，新派武侠小说的确走出了自己的新路，无愧于"新派"二字。

新派武侠小说实际上是言情与写武的有机结合，形式上写武，骨子里写情。中国古典小说中本来就有言情与写武两大流派，《红楼梦》当属言情的压卷之作，《水浒传》则是写武的传世之书。到了民国时期，一些作者已将上述两大流派融为一体，像《宝剑金钗》就是以李慕白与俞秀莲的爱情纠葛为主线，诸多武功描写、打斗场面都不过是从这条主线上派生出来的枝蔓。以情为主，以武为辅，寓情于武，情武交融，逐渐成为民国时期武侠小说的发展趋势，颇受读者欢迎。新派武侠小说又着意强化了这种趋势，并借鉴西方文学和电影艺术的一些表现手法，把情写得更浓，把武写得更神，笔墨更加挥洒放任，所见更为酣畅淋漓。

新派武侠小说的诸多作家大都有各自的艺术追求，形成了不

乾隆帝偕香妃戎装出行图 清 郎世宁
原题"御苑春蒐图"。作者郎世宁(1688—1766)为意大利人,1715年来华传教,旋任宫廷画家,
传世作品较多。金庸《书剑恩仇录》写有乾隆帝与香妃的故事。

同的鲜明风格。在他们之中,金庸、梁羽生、古龙三人的功底最深厚,影响也最大,而金庸无疑更胜一筹。

倘若说金庸的小说拥有上亿的读者,大概不算夸张。仅仅算中国大陆读过金庸小说的,恐怕就有这个数。在全世界的华人圈里,几乎没有人不知道金庸的大名。

金庸小说的魅力,一是得力于作者对生命的参悟,二是得力于作者对历史的洞彻,三是得力于作品情节的巧妙设计,四是得力于驾驭语言的罕见功力。

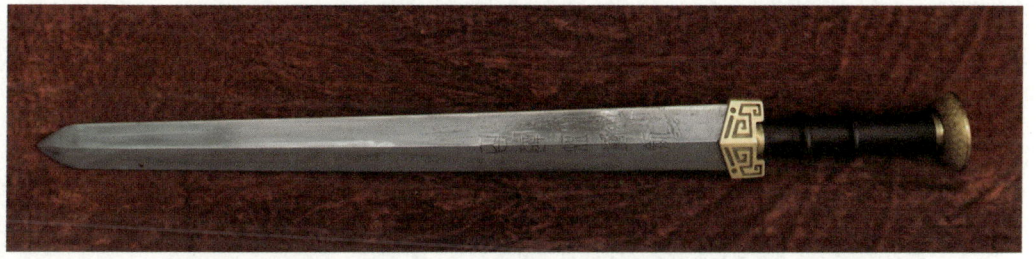

陨铁剑　2004年8月，北京。

陨铁即陨石所含之铁，古称"玄铁"，实为铁镍合金。河北藁城曾出土以陨铁打制的铁刃铜钺，属商代中期。图中的剑为近年打制，长约100厘米，重达4公斤，光泽熠熠，异常锋利，其花纹为陨铁所特有。金庸小说《神雕侠侣》中杨过所用之"玄铁重剑"类此。

　　以上四种因素，驾驭语言、设计情节是作家的基本功，凡在这两个方面有些功底，都可以写出不坏的作品。但是，倘若缺少了对生命的参悟，缺少了对历史的洞彻，则其作品无论情节如何巧妙，语言如何优美，都会让人感到既少了生命的力度，又少了历史的深度，无论如何也够不上一流水准。而金庸在感悟人生、透视历史这两方面确实有其独到之处。上述四个因素的相互融合，才使得金庸作品毫光四射，傲然步入不朽之列。

　　金庸作品的主题是人格与命运的冲突。金庸笔下的主人公们始终在追求着两种境界，一个是武学的至境，一个是人生的至境。他们又无不是在追求武学至境的同时，逐渐参悟到人生的至境，而其生命的光辉又在卓越武功的辉映下显得更加璀璨夺目。金庸的小说，既是人物的性格成长史，又是人物的武功修炼史，同时又是人物的人生磨难史。金庸特别善于设计浓重的悲剧氛围，让他笔下的英雄们在这种悲剧的笼罩下逐渐成长，去经历人世间的种种磨难。萧峰、张无忌、胡斐、杨过、陈家洛、袁承志、狄云等，无不是怀着无法弥补的人生大缺憾，空有一身绝世

南霁云 　【日】冈田玉山等编绘《唐土名胜图会》，日本文化二年（1802年）刊。　南霁云，唐顿丘人，善骑射，从张巡守睢阳，抗安禄山兵。城陷被俘，不屈而死。梁羽生《大唐游侠传》曾有描写。

武功，而壮志难酬，蹉跎岁月。

　　悲剧出英雄，这似乎是一个颠扑不破的真理。在中华民族的历史上，从惨淡的烈火硝烟中涌现过多少英雄豪杰？金庸把握了这条历史规律，把历史的悲剧浓缩到他笔下的人物身上，故意使他们肩负着历史与人生的双重重荷蹒跚前行，由此高奏出一曲又曲人格的赞歌。

　　写情是金庸的一大优势，也是其作品吸引读者、摄人魂魄的真正原因。诸如杨过与小龙女的生死之恋，黄蓉与郭靖的少年之恋，郭襄对杨过的若明若暗、缠绵悱恻的倾慕之情，程灵素对胡斐的一往深情，胡一刀夫妇的生死与共，无不是天地之精光，人间之至情，读来一波三折，令人回肠荡气。另如江南七侠的生死不渝，全真七子的联手抗敌，武当诸侠的互相救援，其间的亲密之情无异于骨肉手足，光明磊落，大义凛然，自有一股堂堂正正的阳刚之气喷薄而出，令人悠然神往。

写儿女之情易，写侠义之情难。然而，金庸不仅写出了一连串摄人魂魄的爱情故事，更写出了一连串催人泪下的侠义之举。他在武侠小说的写情之途上，同时登上了两座高峰，使同时代的其他作家瞠然望乎其后。

金庸笔下的武功，不仅"进乎于艺"，而且"进乎于道"。像《书剑恩仇录》中陈家洛的百花错拳，《连城诀》中的唐诗剑法，《倚天屠龙记》中张三丰的书法拳路，《射雕英雄传》中黄药师的落英神剑掌，《神雕侠侣》中杨过的黯然销魂掌，等等，均是把武技升华到美妙的艺术境界，又不乏哲学的思辨性，给人以回味无穷的审美享受。

梁羽生（1924—2009）写有40部作品，其代表作可推《萍踪侠影》《白发魔女传》和《大唐游侠传》。他的作品书卷气颇浓，风格古雅而富于韵味，不乏意境之美，多有对女性的出色描写。梁羽生作品的缺陷，是或失之于过实，或失之于矫情做作，雕琢有余而蕴味不厚，时而描写颇为精彩，时而又略显滑脱之态。

古龙（1936—1985）走的是另外一条路子。他更多地借鉴了西方推理小说和暴露小说的表现手段，也经常借用电影的蒙太奇手法，较为"洋化"，比较迎合青少年读者的口味。古龙写了80余部作品，以《绝代双骄》《多情剑客无情剑》《楚留香》《陆

小凤传奇》等最有影响。古龙文笔冷艳，风格神秘诡峭，冷色多而暖色少，凄苦多而欢愉少。他的作品，不乏对人生长旅的哲理思索，不乏对人生经验的深沉概括，也不乏精彩的片断和生动的形象，但草率疏忽、行文平庸之处却也屡屡可见，使得珠玉之光与稗莠之色并存，睿智与肤浅同在。

（三）武打影视

20世纪初，电影业开始在中国大陆起步，上海迅速成为中国影业的大本营。在拍了一阵古装片后，制片商们将目光转向武侠题材。1928年5月，上海明星影片公司推出了中国第一部武侠片《火烧红莲寺》，由郑正秋（1889—1935）根据平江不肖生的《江湖奇侠传》改编而成，张石川（1890—1954）导演，胡蝶（1907—1989）、郑小秋（1911—1989）、夏佩珍（1908—1975）等人主演。上映后轰动一时，票房收入甚丰。明星影片公司乃一发而不可收，《火烧红莲寺》续再续，拍到18集之多。其他影片公司竞相效尤，各种以"火烧"命名的武侠片蜂拥而出，如《火烧百花台》《火烧青龙山》等，总数多达数百部，史称"火烧片风潮"。

当时最有名的女侠演员是邬丽珠（1910—1978）。她自幼习武，又曾在精武体育会受过严格训练，1925年走上银幕后，专演武侠，成为上海月明影片公司的台柱演员，代表作为《关东大侠》（13集）、《女镖师》（6集）、《恶邻》等，其中《恶邻》曾出口美国。邬丽珠备受观众崇拜，被誉为"东方女侠"。而夏佩珍也因主演《火烧红莲寺》而一举成名，声望甚至一度超过影

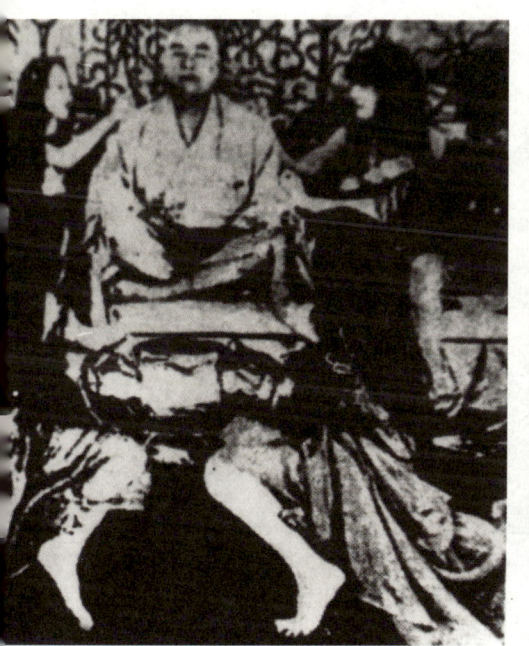

《火烧红莲寺》(1928—1930) 剧照　　　　　　邬丽珠在《关东大侠》中剧照　　1930年

后胡蝶。另有江苏宜兴人范雪朋（原名姚雄飞，1908—1974）、江苏常州人徐琴芳（1907—1985）也以饰演女侠出名。范雪朋为上海友联影片公司主演《十三妹》《红侠》《江湖情侠》等武侠片十余部，徐琴芳为友联公司主演《荒江女侠》13集，亦都成为红极一时的女侠明星。当时还有一位名叫黄耐霜（原名黄云茵，1912年生）的女演员以专演"天上飞"的女侠而名扬海内外。她是北京人，15岁走上银幕，曾为昌明、月明、暨南诸公司主演过《火烧平阳城》《女镖师》《江湖二十四侠》等武侠片。

　　当时，与上述女侠明星争红银幕的，是两位"男侠"演员，他们都是上海人，又都是魔术师，一位叫张慧冲（1898—1962），另一位叫查瑞龙（1904—1972）。张慧冲于1922年步入影界，专演武侠，为明星公司主演过《无名英雄》《田七郎》《山东马永

上海明星公司演职员合影　1934年
前排右起第一人为夏佩珍，第三人为胡蝶，后排正中为导演张石川。

影后胡蝶　1933年

贞》等片，后自组慧冲影片公司，自导自演。
1934年弃影，专业魔术。查瑞龙自幼习武，
曾参与组织国育武术研究会，1928年步入
影坛，任明星影片公司武术部主任，后
在月明公司与邬丽珠联袂主演《关东大
侠》《女镖师》等，蜚声国内及南洋一
带。1932年放弃武侠片，与人组织艺华
影业公司。不久后即息影，加入张慧冲的
魔术武技团，赴南洋一带演出。

　　当时的武侠影片中，还夹杂着大量的
神怪镜头，因此被称为"武侠神怪片"。
20世纪30年代初，国民政府下令禁映此类
影片，各影业公司纷纷转向，武侠明星们

著名华裔女演员黄柳霜（前者，1907—1961）
在好莱坞习武　1930年
黄柳霜原籍广东台山，生于洛杉矶，1924年以饰
演《巴格达窃贼》（旧译《月亮宝石》）中蒙古
女奴而一举成名，曾多次来华拍片。

也因此而转换角色，有的从此退出影坛。

在沉寂40年之后，武侠电影在香港突起狂潮，一代巨星李小龙（1940—1973）征服了各种肤色的观众，使全世界认识了"中国功夫"。

李小龙是一位武林高手。他原名李振藩，小龙是其艺名。他在13岁时拜入香港咏春拳名师叶问门下，后又向另一名师邵汉生学习罗汉拳和螳螂拳。18岁只身赴美，入华盛顿州立大学哲学系，1965年在美国开办了第一家中国武术馆。1967年，他将自己具有独创性的拳术命名为"截拳道"，丰富了中国的武术流派。

1971年，李小龙在香港以主演《唐山大兄》而一举成名。其后，他又主演了《精武门》，并自编、自导、自演了《猛龙过江》和《龙争虎斗》。1973年7月20日，李小龙在香港拍摄《死亡

李小龙《猛龙过江》剧照　1973年

游戏》时猝然去世，官方公布的死因是"急性脑水肿"。他的遗体被安葬在美国西雅图的一处公墓中。

李小龙所饰演的都是大义凛然、誓死捍卫民族尊严的中国武林高手，他在剧中充分展示了自己的高超武功。特别是《猛龙过江》一片，拥有李小龙电影中最精彩的武打镜头，被视为截拳道的教学片，又是中国功夫与空手道较量的典范之作。

李小龙去世五年之后，成龙从香港崛起。

成龙原名陈港生，1954年出生在香港，祖籍山东。他幼时家贫，从七岁起就入于占元戏班学习京剧，十年之后练得一身功夫，身手异常敏捷。17岁时，他曾在李小龙电影里当替身演员，后改名陈元龙，1976年改名成龙。

1978年，成龙主演《蛇形刁手》和《醉拳》，大获成功，形成了自己的谐趣功夫片风格。1985年，他执导主演《警察故事》，进一步巩固了功夫明星的地位。此后，成龙步入美国的好莱坞，以《红番区》一炮打响，又接连执导主演了《颠峰时刻》《飞龙再生》，成为好莱坞票房价值最高的华人明星。

电影《飞龙再生》中的成龙　1982年

电影《少林寺》海报　1982年

　　成龙在香港走红后不久，中国大陆也出现了一位武打明星——李连杰。

　　李连杰是北京人，自幼习武，从1974年到1978年连获五届全国武术冠军，多次随团出国表演。1982年，香港中原电影公司推出影片《少林寺》。该片在中国内地拍摄，19岁的李连杰担当主角，主要演员均为全国各地的武林高手，不乏单项全国武术冠军。《少林寺》向观众展示了真正的中国功夫，一经上映，立刻轰动海内外，不仅在香港创造了功夫片票房收入记录，而且在亚洲各国及欧美激起了巨大反响，直接引发了全球争学中国功夫的高潮。李连杰还成功进入美国好莱坞影圈，成为继成龙之后的又一位中国功夫明星。

　　1983年，中国大陆又推出了《武林志》《武当》两部武打影片。《武林志》由北京武术队教练吴彬主演，《武当》由全国武

香港导演刘家良在电影拍摄中指导演员做武打动作　20世纪70年代
刘家良，香港著名武术宗师、电影武术指导、导演。刘家良走的是李小龙之后正宗国术真实武打路线，他也是香港从武术指导升任导演的第一人。左图是教姜大伟（右）螳螂拳，右图是教刘家辉（左）三节棍。

术冠军赵长军主演，均受到欢迎。

2000年，李安执导的影片《卧虎藏龙》问世，引起巨大的国际反响，在世界影坛上掀起了新一轮的武打片热潮。该片根据王度庐的同名小说改编，李安融合了功夫片和文艺片的精髓，从全新的角度诠释了中国的古典美学传统和情感理念。该片横扫众多国际影展奖项，并荣获第73届奥斯卡最佳外语片奖，取得了功夫片有史以来最高的国际声誉。此外，《卧虎藏龙》还取得了骄人的票房成绩，全球票房收入超过2亿美元，是迄今为止票房收入最高的华语片。其后，张艺谋执导的影片《英雄》和周星驰自编自导自演的影片《功夫》，也相继引起轰动，全球票房收入均超过1亿美元。

在武打电视剧方面，香港也是开创者。金庸等人的小说有不少被拍成长篇电视剧，有的甚至有多种版本。中国内地也将《笑傲江湖》《天龙八部》等拍成电视剧，均有较高的收视率。

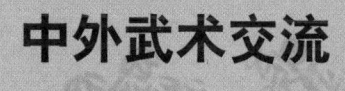

中外武术交流

中国武术是在激烈残酷的个体对抗中逐渐发展完善的，经受了无数次考验，也坦然应对过外来武功的挑战。在历史上，中国武术至少经历过两次大挑战：第一次是在16世纪，即明朝中期，对手是入侵的日本武士；第二次是在20世纪初期，对手除日本武士外，又增加了欧美拳师。这两次大挑战，都以中国武术的胜利而告终，但同时也使中国武术界看到了别人的长处，发现了自己的不足。

从20世纪80年代起，中国武术在世界上的知名度迅速提高，也就顺理成章地成了世界搏击界的挑战目标。如果说第一次应战是为反抗侵略而战，第二次应战是为一雪"东亚病夫"之耻而战，那么这次则是在公平友好气氛中的正常体育比赛，它已经消解了历史的重负，而被列入竞技体育的范畴。

历史上的两次大挑战

在历史上，外国搏击界对中国武术的大规模挑战至少发生过两次，一次是明朝中期，另一次是在20世纪初叶。

明朝嘉靖年间（1522—1566），大批日本武士结伙侵扰中国东南沿海一带，史称"倭寇"。他们勾结中国海盗，"连舰数百，蔽海而至"（《明史》卷三二二）。这些日本武士武艺娴熟，极为凶悍残忍，或数百一伙，或数千一支，攻州略府，烧杀抢掠，"纵横来往，如入无人之境"（《松江府志》卷三十五），苏、浙、闽、粤诸省备受蹂躏。明朝调兵遣将，前后历时百年，才将倭寇依次荡平。

日本武士惯使长刀，人称"倭刀"，刀身细长，分量较重，厚脊薄刃，极为锋利，刀身末端略向上翘起，使用时双手握柄，刀大势沉，尤利于劈杀。也有些日本武士善用双刀，交战时滚舞而前。在实战中，戚继光发现，"及短兵相接，刀法迥不如倭"（《练兵实纪杂集》卷二《储练通论》）。也就是说，当时中国士兵的刀法不如倭寇。戚继光于是训练士兵使用狼筅、锐钯、大棒、长枪等长兵器，兼用藤牌护身，使倭寇"刀不可入"，才取得了"百战未有一挫"的辉煌战绩。由此可见，至少在明朝中期，中国的刀法并不比日本刀法高明，在实战中更是如此。

戚继光画像

戚家军军刀

明代兵阵图（局部）　明

　　如果说戚继光等人率领的官兵与倭寇之战还属于大军厮杀的话，那么当时少林派武僧与日本武士的交战就可谓是中日武功的直接较量了。

　　据史料记载，嘉靖三十二年（1553年），倭寇大举进犯南汇（今属上海市），明都司（高级武职，大约相当于军区司令）韩玺指挥各路明军奋起迎战，少林派僧兵勇任先锋。当时，倭寇大队汹涌扑来，为首一人状若巨人，身着红衣，舞双刀而进，势不可挡。领兵僧月空令智囊出战。只见智囊神色从容，忽然提铁棍跃到红衣倭身左，击落其左手刀，又转身跃至红衣倭身右，击落其右手刀，顺势一棍，将红衣倭当场击毙。倭寇气焰顿挫，"群贼皆跪乞命，或溃败走"（《吴淞甲乙倭变志》），明军乘势掩杀，大败倭寇，斩首百余级。这批少林派武僧来自山东。其后，僧兵又多次参战，抢棍如风，当者即仆，多有斩获，但僧兵不谙兵法，鼓勇冒进，也曾数次遭到倭寇暗算，了心、彻堂、一峰、真元等30余人先后为国捐躯。

自愿参加这场平倭战争的少林派僧兵先后有100多人，尽管他们不是这场反侵略战争的主力，尽管少林派武僧也付出了沉重的代价，但少林派的铁棍毕竟制服了日本武士的长刀，使不可一世的日本武士们领教了中国武功的厉害，为中国武术史写下了辉煌壮烈的一页。

事隔300多年之后，中外搏击界之间的第二次大较量就几乎全是徒手之搏了。

清末民初，中国内忧外患，国势颓弱，中国人也被列强讥为"东亚病夫"。欧美和日本的一些拳师、大力士相继来华耀武扬威。中国武术界同仇敌忾，奋起应战，为中国武林谱写了一曲正气歌。

外国搏击界的这次挑战，始于19世纪末，至20世纪40年代才告结束，前后延续达半个世纪之久。双方的交战地点，从中国的北京、天津、上海，一直打到日本的东京。这是一场地地道道的高手对高手的较量。

据不完全统计，当时的主要战例有：

车永宏（1833—1914，形意拳），胜日本人坂三太郎，1888年，天津；

霍元甲（1869—1910，迷踪拳），吓走英国大力士奥皮音，1910年，上海；一次击败日本上海柔道会会长等四人，使其皆骨折，1910年，上海；

韩慕侠（1867—1947，形意拳），胜俄人康泰尔，1918年，

北京；

王子平（1881—1973，弹腿、查拳），胜俄人康泰尔，1918年，北京；胜美国人阿拉曼、德国人柯芝麦，1919年，青岛；胜日本人佐藤，1919年，济南；

陈子正（1878—1933，鹰爪拳），胜美国某人，1919年，上海；胜英国某人，1922年，新加坡；

孙禄堂（1861—1932，太极拳），胜日本人板垣一雄，1922年，北京；一次胜六名日本武士，1930年，上海；

佟忠义（1879—1963，六合拳），胜日本人山井一郎，1925年，上海；

杨法武（生卒年不详，跤术），连胜三名日本柔道高手，1930年，东京；

吉万山（1903—？，少林拳），胜俄人杰力柴夫，1933年，哈尔滨；

马金镖（1881—1973，查拳），胜美国人麦克鲁，20世纪30年代，南京；

王芗斋（1885—1963，意拳），胜匈牙利人英格，1928年，上海；胜日本人八田一郎、泽井健一、渡边、宇作美、日野，20世纪40年代初，北京；

赵道新（1908—1990，意拳，王芗斋弟子），胜挪威人安德森，1930年，上海；

李永宗（王芗斋弟子），胜意大利人詹姆斯，20世纪30年代，北京；

李尧臣（1876—1973，三皇炮捶），胜日本人武田西，20世纪30年代末，北京；胜日本武士某人，20世纪40年代初，南京；

蔡龙云先生（右）与本书作者合影　1998年4月，北京。

郭慧德击败多国业余拳手，获
上海拳击比赛冠军。　1931年

　　蔡龙云（1928—　，华拳），胜俄人马索洛夫，1943年，上海；胜美国人鲁索尔，1946年，上海。

　　根据现有的史料，我们了解到当年王芗斋先生击败的三名外国拳师的技术级别和头衔：匈牙利人英格曾获世界最轻量级职业拳击冠军，当时任上海青年会拳击教练；日本人八田一郎为柔道六段，曾于1936年代表日本参加第11届奥运会的国际式摔跤比赛；日本人泽井健一当时为柔道五段、剑道四段，后从王芗斋学习意拳，在日本创立"太气拳"。赵道新击败的挪威人安德森，当时任财政部长宋子文的保镖。另有被马金镖击败的美国人麦克鲁，当时担任南京中央大学体育系主任。李尧臣击败的两名日本人中，武田西是侵华日军军官，擅长柔道，并学过中国的

97

八卦掌；另一位日本武士是日方特意从本国选拔的格斗高手，专门来华打擂示威，不料被李尧臣只一拳便打下擂台。

历史的启示是有益的。如果我们把这次大较量总结一下，就会发现：

（一）主战场在中国本土；

（二）外国拳师事前对中国武术不甚了解，估计过低；

（三）最后战胜外国拳师的几乎都是当时中国武林的一流高手；

（四）这批高手全是北方人，其中河北一省就有八人，而沧州人又占了两名（王子平、佟忠义）。在这批北方高手中，少数民族又至少占了三名，王子平、马金镖是回族，佟忠义是满族；

（五）根据对车永宏、霍元甲、韩慕侠、王子平、陈子正、孙禄堂、佟忠义、吉万山、王芗斋等九位高手的统计，他们首次战胜外籍拳师的平均年龄为47.2岁，而孙禄堂在上海一次击败六名日本武士时，已经是69岁高龄的老人了；

（六）这15位高手的武功，有八人属于少林拳系，五人属于形意拳系，一人属于太极拳系。

当时，来华的外国拳师几乎个个目中无人，举止傲慢轻率。像1925年秋，日本一批柔道高手在教练山井一郎率领下，在上海虹口的昆山公园摆下擂台，其对联上大书"拳打东亚无敌手，脚踢支那显神威"，横批是"所向披靡"，气焰极为嚣张。结果佟忠义仅用两招就将山井一郎打得不能动弹，擂台被砸。

1930年，中央国术馆馆长张之江（1882—1966）因病赴日就医，由"神跤"杨法武等高手陪同。日方特意挑选数名柔道高手，向杨法武挑战，日本天皇也专程前往观战。但日本人根本不知道中国跤术的厉害，都是刚一搭上手，就被扑通一声摔翻在地，全场观众都看愣了。杨法武连胜三人，日本天皇中途拂袖而去。

当时中国高手的一系列辉煌战绩，曾震惊了国际搏击界，以致有"自霍元甲出，外人相戒不入我国门"的说法，但中国高手也曾因此而遭到外人的暗算，霍元甲就是一例。

1910年，日本人在上海设立柔道会，执意邀请霍元甲前去参观。当时霍元甲已患咳喘之病，带弟子刘振声前往。谁知日本人

霍元甲先生遗像
霍元甲，清末爱国武术家、精武门创办人。1869年1月19日生于天津市西青区小南河村。继承家传"迷踪艺"绝技，先后在天津和上海威震西洋大力士。他的生平事迹曾多次被搬上银幕荧屏。

在室内埋伏多名高手，欲围击霍元甲。霍元甲命刘振声应战，连败二人。另三名日本高手直扑霍元甲，当即被全部击倒，个个肋断臂折。日本柔道会会长从后偷袭，被摔到室外台阶下，右臂骨折。日本武士假装敬佩，设酒宴款待，日本医生秋野趁机邀请霍元甲到自己在上海开的医院治病。霍元甲生性坦诚，未加怀疑。不料服过秋野药的第二天，霍元甲即舌根僵硬，手足震颤，数天后竟猝然去世，享年仅41岁，秋野仓惶回国。

中国武术走向世界

从20世纪50年代开始，中国武术大体经历了三个阶段：

一、封闭阶段，时间从50年代到60年代。在这一期间，中国武术界与国际搏击界没有交往，只有为数不多的几个武术代表团曾随同国家领导人出国表演过。

1960年，中国青年武术队随中国体育代表团赴捷克斯洛伐克参加该国第二届全运会"友谊晚会"的表演，揭开了武术对外交流的序幕。同年，中国武术队随周恩来率领的访缅友好代表团赴缅表演，受到缅甸人民的热烈欢迎。

二、表演阶段，时间从70年代初期到80年代中期。在这一阶段，中国武术界频繁派团到各大洲表演，使外国人从"亦武亦舞"的角度领略到武术的魅力，扩大了武术的影响。

1974年6月，中国武术队代表团应邀出访墨西哥、美国。美国总统尼克松在白宫前接见了武术代表团全体成员并观看了武术表演，引起巨大的国际反响。

1974年6月，日本太极拳代表团访华。9月，中国少年武术代表团访日。

从1982年开始，应一些国家和地区的邀请，中国武术协会不断选派优秀武术运动员和教练员赴墨西哥、加拿大、美国、英国、新加坡、澳大利亚、意大利、泰国、香港、澳门等国家和地区援外教学，为当地培养了一大批武术骨干力量。

三、实战阶段，从80年代后期起，外国搏击界开始派人来华参加国际擂台赛或对抗赛。中国武林人士在出国访问时，也每每受到外国拳师的挑战。中外搏击界的交往已经进入实战阶段。

1987年3月，首届中日太极拳比赛交流大会在北京举行。

从20世纪90年代起，各种国际武术比赛日益频繁，极大地推动了武术在世界范围内的交流和传播。

据有关资料介绍，中国武林人士出访时，在日本遭遇的挑战次数最多，挑战者多是柔道或空手道高手；其次是在美国，挑战者多是拳击手。前来中国挑战的，也以日本人居多。从整体战绩上看，无论是在中国本土，还是在国外，都是中国拳师占了上风。

中、日两国是一衣带水的近邻，两国之间的文化交流已有上千年的历史。日本的空手道、柔道都曾深受中国武术的影响，在国际搏击界享有很高的声誉。另外，少林拳法和太极拳也正在日本普及，已经造就出一批水平较高的拳师。日本民族具有两个特点，一是性格顽强，不服输，不乏拼命精神；二是善于学习，取他人之长，补自己之短。他们不仅大批来华学艺，摄制了中国不少名师的演拳录像，而且大量翻译出版了中国的武术书籍，认真研究中国的拳术流派。某些日本拳师的水平，特别是太极拳水平，已可与中国名手相抗衡。因此，无论是就民族的传统搏击优势，还是就对中国武术的了解，或者是就民族的性格气质而言，日本人都是中国武术的最具威胁的挑战者。近年来，日本方面曾多次组队前来挑战，均以失败告终。

泰拳素以凶狠著称，而且泰拳师自身的抗击打能力很强。据说号称"世界七大技击高手"之一的李小龙曾与泰国职业拳师交过手，并没有占到多少上风。近年来泰国方面也曾两度组队来华挑战，均被击败。2003年8月，中国选手远征泰国，在曼谷再度击败泰国队。

普京访问少林寺　2006年3月22日，时任俄罗斯总统普京访问少林寺，与少林僧人切磋武艺。众所周知，普京总统是柔道高手。图为释永信方丈陪同普京参观少林寺。

　　西洋拳师以力量沉雄著称。迄今为止，中国的武林高手还从来没有与世界现役拳王交手的记录。有人认为，就拳法而言，中国武术与西洋拳法都没有明显的弱点，因此很难断言孰优孰劣。从前，中国武林人士与西洋拳师交手时，都是要设法避开对方的重拳，先以敏捷身法与对方周旋，发挥步法灵、转身快的长处，逼得对方露出破绽，再伺机进攻，以巧胜力。倘若硬拼拳力，恐怕西洋拳师的胜算倒会多些。

　　搏击是一项国际运动，世界上许多国家和民族都拥有自己的搏击术，除了日本、泰国、韩国以外，像法国、希腊、

15国太极高手邢台献艺　　2006年11月3日，为纪念太极拳大师董英杰先生诞辰108周年，太极拳高手、董英杰先生之孙、美籍华人董增辰带领60余名海外弟子来到河北邢台进行武术交流。此次董增辰先生带领的弟子分别来自美国、英国、加拿大等15个国家和地区。

俄罗斯、巴西、印度等不少国家，也都以搏击术出名，特别是法国的腿击术和印度的攻击术，很早就享誉世界，其威力不可小视。

近年来，欧美搏击界又出现了一种新趋势，他们把柔道、空手道、跆拳道、泰拳和西洋拳的技法糅合在一起，锐意创新，在实战中大显神威。

由于中国武术正在迅速走向世界，中外交流频繁，外人来华学艺者络绎不绝，更有一些中国高手移居海外，广收弟子，所以中国武术的一些套路、技法、功法已无秘密可言。荣誉只能说明过去，而不能说明现在，更不能说明未来。为了迎接新的挑战，中国武术界已经做了很多工作。

当代中国武术发展

中华人民共和国成立后，武术成为人民体育事业的一个重要组成部分，有了长足的发展。

1949年10月由政务院批准筹备成立中华全国体育总会。1950年，中华全国体育总会在北京召开了武术工作座谈会，倡导发展武术，把武术提上了国家体育工作的议事日程。1978年邓小平还题写了"太极拳好"的条幅赠送日本友人。这一题词不仅是对中国武术的褒奖，也是对武术爱好者的巨大鼓舞。

1952年国家体育运动委员会成立，把武术列为重点项目，并设置了民族形式体育研究会，根据"取其精华、去其糟粕，百花齐放、推陈出新"的方针，负责对武术等民族形式体育的挖掘、整理、继承和推广工作。1955年，在国家体委运动司下设武术科，后来又将武术科升格为武术处，负责国家对武术的方针、政策的贯彻执行和武术的普及提高及竞赛等项工作。根据武术事业发展的需要，经国务院批准，1986年正式成立了国家体委武术研究院。1987年9月，武术处合并到国家体委武术研究院。1994年5月又成立了国家体委武术运动管理中心，并赋予其对武术运动项目的全面管理职能。

1958年9月，中国武术协会成立。它是中国武术的全国性群众组织，是中华全国体育总会领导下的单项运动协会之一。中国武术协会与世界各国武术协会有着广泛的交流与合作，在长期的交往中建立了深厚的友谊和良好的合作关系。从20世纪70年代起，中国武术代表团的足迹遍及五大洲，近年来武术对外交流愈加频繁。同时，为了更广泛地开展武术运动，中国武术协会还积极无偿帮助非洲、亚洲以及美洲等发展中国家开展武术活动，得到了广泛的赞誉。

现代武馆（校）

　　武馆（校）是当今武术事业的重要载体，在国家的大力扶持下，利用民间传统武术资源，武馆（校）在改革开放之后获得了前所未有的大发展。目前，仅在中国大陆，各种各样的武馆（校）已超过1.2万余所，以河南、山东、河北、安徽、福建分布最多、最有影响。在武术大省河南，武馆（校）就有600多所，主要集中在登封少林寺周边和有"太极圣地"之称的温县陈家沟地区。

　　武馆（校）目前主要有两种类型：

　　（一）依托地域传统武术文化优势，结合现代文化科技教育，向规模化、系统化、集团化方向发展。

　　河南少林塔沟教育集团无疑是目前国内比较有代表性的一家。

塔沟武校武僧在少林寺塔林表演吸引游客

2008名塔沟武校学员组成的太极表演群阵　2008年8月8日，北京奥运会开幕式。

　　河南少林塔沟教育集团位于嵩山脚下，辖少林寺塔沟武术学校、嵩山少林武术职业学院、少林武术国际教学中心、登封少林中等专业学校、少林中学等五所武术学校。

　　该教育集团由少林寺塔沟武术学校发展而来，由出身武术世家的刘宝山先生于1978年创办。武术教学设有套路、散打、拳击、跆拳道、武术表演等专业，有教学班400多个。文化教学已形成了从幼儿班、小学、初中、高中、中专到大学的完整教育教学体系，目前有在校生28000余人。

多年来，该教育集团始终坚持"文武并重、德技双馨，传少林真功、育全新人才"的办学宗旨，高度重视学生的全面发展。至今，学员已多次在国内外重大比赛中获得冠军。

为了更好地弘扬和传播少林武术，该集团武术艺术表演团应邀到世界60多个国家和地区进行武术教学和表演。在2008年北京奥运会和残奥会开、闭幕式上，该集团组成的演出团队为全世界观众奉献了精彩的武术表演。

（二）以家族性、师徒性为主的小型家庭武馆（校），一般只传授单个武术派系的功夫。

来自美国的陈少龙（右）和来自英国的陈少豹在河南温县陈家沟练习太极推手。

这是一种最古老的武馆（校）形式，随着社会的发展，也融入了许多现代文化的元素。例如当下温县陈家沟大力发展的"家庭武馆"。目前，太极拳已传播到世界100多个国家和地区，来自世界各地的太极拳爱好者为了能够学

到正宗的太极功夫，纷纷到陈家沟的拳师家中拜师学艺，形成了"览田园风光、住农家武院、食绿色果蔬、学正宗太极"的传统武术文化与现代旅游产业相结合的模式。家庭式武馆是在自己家中集吃、住、学一体的小型武馆。这种家庭式武馆因为人数相对较少，学员都能得到教练的亲自指点。

随着国际间交流合作的日益增多，不少武馆（校）走出国门，到世界其他国家和地区办学，少林寺是其中的佼佼者。少林寺在全球50多个国家和地区建有专门研学少林功夫的馆（校），拥有洋弟子300多万人，影响极大。2004年，美国加利福尼亚州众议院通过决议，把每年的3月21号定为"嵩山少林寺日"，以便不同宗教、种族和文化背景的加州居民能够欣赏到少林寺历史悠久的禅宗与武术文化。

高校武术教育

武术的文化特性是它自古流传至今的根本原因，而任何一种文化的继承和发展都离不开教育。要使中国武术真正走向世界，就必须将其纳入正规教育体系。

1954年，国家体委在中央体育学院（现北京体育大学）组建竞技执导科武术队。1958年8月，国家体委在青岛召开全国体育学院院长座谈会。会后，北京体育学院、上海体育学院相继设立了武术系，武术正式走进了高等教育的大门。1961年，国家体委组织专家编写了第一部全国体育学院本科讲义《武术》。1963年，北京体院开始招收武术研究生，武术教育又迈上了一个新台阶。

1978年改革开放以来，更多的高校成立了武术系。同时，招生范围和层次也不断扩大，包括研究生、本科生、专科生、函授生、教练员进修班及各类中外武术人员短训班等，初步形成一个不同层次、不同类型的武术人才培养体系。

截至目前，已有40多所高校取得了武术硕士学位的授予权。1996年4月，国务院学位委员会批准上海体育学院为首家武术博士学位授予点。此后北京体育大学、华东师范大学和华南师范大学也相继取得了武术博士学位的授予权。

1998年7月教育部颁布的本科教育计划大纲中，设民族传统体育专业，这是新设立的本科教育专业，是体育学二级学科。目前该学科主要分为三个研究方向：武术竞技体育、武术文化与教育、民间体育与传统养生。培养方向主要分为武术套路方向（教学内容以竞技武术套路为主）与武术技击方向（以竞技武术散打为主）。

几十年来，高校的武术专业培养了大批专业技术人才和师资力量，以及较高层次的武术文化研究人员，为武术的传承和发展作出了巨大贡献。

香港在1997年回归之后，武术教育事业也有了一定的发展。2003年秋，香港柴湾专业教育学院开设武术专业，以传授太极拳为主，兼及其他武术套路。这是中华武术在香港第一次正式进入高等学府，对中华武术在香港的进一步发展，乃至推动港澳及东南亚各国武术的发展，都将产生积极的影响。

武术比赛与奥运表演项目

中华人民共和国成立后，日益增多的武术比赛对挖掘和整理

参加第11届奥运会国术表演的女选手傅淑云（右）、刘玉华演练三合剑，1936年。

武术遗产、推动武术运动发展起到了重要作用。

1959年9月，第一届全国运动会在北京举行，设有武术比赛项目和表演项目，25个省市的172名运动员参加了比赛和表演。

1982年9月，中国武术国际友好邀请赛在南京举行，共有来自美国、加拿大、菲律宾、中国香港和中国的5支代表队41名运动员参加。

1985年8月，第一届国际武术邀请赛在西安举行，这是我国第一次正式举办武术国际邀请赛，来自17个国家和地区的代表队89名运动员参加了比赛。

1990年10月，在北京举行的第11届亚运会上，武术被列为正式比赛项目，有11个国家和地区的96名男女运动员参加了比赛。

1991年10月，第一届世界武术锦标赛在北京举行，共有40个国家和地区的500多名运动员参加了武术套路和散手的比赛，该赛事每两年举办一次。

北京奥运会武术比赛女子52公斤级散手决赛中，中国选手秦力子（红衣）战胜菲律宾选手玛丽·简·埃斯蒂梅尔，获得冠军。　2008年8月24日

1993年8月，河南温县举办了首届全国武术之乡武术比赛，该赛事每两年举办一次。

1996年10月，在上海举行第三届全国农民运动会，武术被列为竞赛项目。

1999年5月，首届国际传统武术暨绝技大赛在浙江台州举行。

2002年7月，首届世界杯武术散打比赛在上海举行，该赛事每两年举办一次。

2006年2月，第一届国际武术博击争霸赛在重庆举行，该赛事每年举办一次。

2009年7月，第八届世界运动会在台湾高雄举行，武术被列为正式比赛项目。

长期以来，武术爱好者和支持者们一直在努力，希望让这项有着几千年历史的运动早日加入到奥运会的大家庭。

　　早在1936年，中国武术就曾亮相柏林奥运会。由张文广、温敬铭、郑怀贤、金石生、张尔鼎、寇运兴、翟涟源、傅淑云、刘玉华等人组成的中国武术表演团，在德国的汉堡、法兰克福、柏林等城市作了精彩的武术表演，征服了西方观众。

　　1949年中华人民共和国成立后，国家陆续派出武术代表团出国访问表演，扩大了武术在世界上的影响。

　　1984年10月，中国武术协会邀请了法国、联邦德国、意大利、日本、美国等12个国家和地区的武术组织负责人，在武汉举行了国际武术座谈会，就武术在世界范围内的进一步发展等问题进行了讨论，共同签署了备忘录。会上一致同意由中国牵头尽快筹备成立国际武术组织。

　　1985年8月，国际武术联合会筹备委员会在西安正式成立。随后，中国、英国、意大利、日本和新加坡五个委员国的代表举行首次会议，推举徐才任筹委会主任，筹委会秘书处设在中国北京。

参加第11届奥运会国术表演的女选手翟连沅　1936年

　　1990年10月，国际武术联合会在北京成立，总部设在北京。

　　国际武术联合会成立后，每两年举办一次世界武术锦标赛，第一届世界武术锦标赛于1991年10月在北京举行。

　　1994年10月，在摩纳哥举行的第28届国际单项体育联合会上，国际武联被接纳为该组织的正式会员。1999年6月，国际武术联合会得到国际奥委会的临时承认。2001年12月与世界反兴奋剂机构（WADA）签署了协议。2002年2月，国际奥委会第113次全会通过正式承认国际武术联合会的决定，武术同时成为国际奥委会承认的体育项目。该协会目前已拥有来自世界五大洲的120个会员国家和地区。

北京申奥成功后，国际武联于2001年12月正式向国际奥委会提交了武术进入奥运会的申请，得到了国际奥委会的理解和广泛的支持。国际奥委会同意武术为2008年奥运会表演项目，共设15个项目，套路10枚金牌、散手5枚金牌。

比赛于2008年8月21日至24日在北京举行，共有来自43个国家和地区的128名男女运动员参加比赛，中国队以8枚金牌的优势拔得头筹。

武术成为奥运会的表演项目只是一个开始。要成为奥运会的正式项目，还有很长的一段路要走。

民间武术发展

几千年来，武术一直在民间默默地流传，在中国辽阔的土地上顽强地生长。武术随着社会的发展而发展，进入学院，出现学院派武术；进入赛场，成为竞技武术……在现代社会，武术这一中国传统文化，正呈现出多种多样的发展趋势。然而，最丰富多彩、最富有活力、最具有生命力的是流传在民间的传统武术——这是中国武术发展的根。中国政府一直比较重视民间武术的挖掘、整理、继承和发展。

1953年11月，全国民族形式体育表演及竞赛大会在天津举行。这是建国后民间武术的首次大汇演，共有145名运动员作了拳术、器械、对练、短兵等332个项目的表演和比赛，是民间武术的一次大展示。

1958年9月，中国武术协会在北京成立。之后，各个省市也相

太极拳名师吴图南与八卦掌大师李子鸣 (右)　　　1984年6月10日, 北京。
李子鸣 (1902—1993) , 八卦掌第三代传人, 北京八卦掌研究会首任会长。

继成立了武术协会。民间武术也纳入了中国武术协会的管理。

　　1979年1月, 国家体委发布了《关于挖掘、整理武术遗产的通知》。同年5月, 围绕传统武术挖掘整理工作, 首次全国武术观摩交流大会在广西南宁举行。来自全国29个省、区、市, 以及香港、澳门的284名运动员进行了表演, 表演项目达510项。从这时开始, 传统武术的概念开始在武术界出现。1983至1986年, 武术挖掘整理工作在全国展开, 对民间武术进行了自上而下的全面普查, 并对传统武术技艺进行了挖掘整理。该活动取得了丰硕的成果, 初步查明了流传在各地的"源流有序、拳理明晰、风格独特、自成体系"的拳种129个; 各省市编写的拳理论、曲籍651万多字; 录制老拳师拳艺录像395小时。其他还有大量的文献资料、古兵器。

1982年初，国内第一家民间武术组织——北京八卦掌研究会成立。成立伊始，研究会进行了董海川墓碑的发掘和移墓活动，在当时产生了巨大的影响。此后，八卦掌研究会组织报告会，让各个流派的八卦掌展示自己的技术；在各个公园设立辅导站，义务开班传授八卦掌；搞尊师重道的纪念活动，组织国内八卦掌比赛。

其后，全国各地几乎所有的拳种流派都相继成立了自己的单项拳种研究会，如北京的杨式太极拳会、陈式太极拳研究会、吴式太极拳研究会、孙式太极拳研究会、形意拳研究会，山西省的杨式太极拳协会、形意拳研究会等；上海的鉴泉太极拳社、精武体育会也恢复了活动。这些民间武术组织在传播民间武术、促进全民健身的活动中发挥着巨大的作用。

随着民间武术的发展，国际性的武术节、武术邀请赛也层出不穷，如郑州国际少林武术节、永年国际太极拳联谊会、河南温县国际太极拳年会、山西传统杨式太极拳国际邀请赛、沧州武术节、山西省形意拳邀请赛等。目前最具影响力的是世界传统武术节。该武术节始于2004年，至今已经举办三届。这些都对民间武术的传播起到了积极的推动作用。

未来武术发展趋势

未来的一个历史时期将是中国武术的繁荣发展时期，同时也将是各拳派之间的大竞争、大淘汰、大融合时期。竞争与淘汰是历史的必然，融合与交汇也是大势所趋。可以预料，21世纪将在

中国武术史上写下非比寻常的一页。

中国武术融健身、技击、观赏于一体，是一种特殊的民族文化形态。它今后的发展，当然仍将在民族文化传统的基础上，顺应着武术的固有规律而向前运动。健身、技击、观赏是武术的基本社会功能，但在不同的历史时期，可能有不同的侧重点。比如从20世纪50年代到80年代中期，武术着重发展了其观赏性的一面，出现了不少花团锦簇的新套路（主要是长拳）。从20世纪80年代以来，武术的技击性又成为研究的重点，这种情况可能与散打运动的开展和日益频繁的中

杨凤堂先生 (1896—1974) 演示心意六合拳

外交流有关。而武术的健身功能则一直为民间所重视，从80年代初期以来尤其如此，近年的太极拳热就是一个标志。

今后，武术的健身与技击功能可能会被置于更重要的位置。社会的发展节奏越来越快，人们在商品经济的引导下，也越来越讲究实惠，而健身与技击就是武术的最实惠的功能。

在中国武术的诸多拳派中，内家拳特别富有活力。内家拳的特点是技击与健身紧密结合，练功与养生融为一体，而且内家拳套路简约，动作质朴，难度较低，少花架子，易于入门，既有明显的养生、健身功能，在技击上又能产生以少胜多的功效。在短短一二百年内，内家拳由北而南，风靡全国，大有后来居上之势，这决不是偶然的历史现象。但若论观赏价值，内家拳却毫无优势可言，除了八卦掌还比较"好看"以外，太极拳就显得差一些了，而形意拳却几乎谈不上有什么观赏价值。意拳连大套路也

没有，观赏更无从谈起。但恰恰是这些并不好看的拳种发展得最快，普及势头也最猛。

　　在今后相当长的一个历史时期内，武术仍将沿着简约实用的方向继续发展。为了突出其实用价值，武术将不得不牺牲其部分的观赏价值。当然，武术也不能完全剔除"舞"的成分，中国武术要走向世界，走向奥林匹克赛场，恐怕还得多少靠一点"舞"的因素，这样才有利于统一评分。

　　在未来的一个历史时期中，中国武术的所有拳派、拳种都将面临着严峻的考验。有相当一批套路将在实战中被无情淘汰，有些套路将被简化或改造，有些拳种连能否存在下去都是一个问

蔡龙云演练华拳　1983年，郑州
蔡龙云是中国当代著名技击家、全国武术协会副主席、上海体育学院副教授。擅长华拳、少林拳、太极拳和形意拳。

题。同时，在各拳派互相交融的基础上，必然会产生出一些新的拳派和套路，它们将以简约实用为特点，突出武术的技击功能，而舍弃其观赏价值。

　　吐故纳新，生生不已，这是宇宙间一切事物的基本规律，中国武术也不例外。倘若中国武术几百年来一成不变，那只能说明它已经僵滞，生命力已经萎缩。正是竞争和淘汰为中国武术注入了无限的活力，它必将在竞争与淘汰之中永葆其古老的青春，以其特有的中国气派而雄踞于世界搏击之林。

附录一 练武注意事项

练武本来是为了强健身体，但也有少数人，因为不按规律办事，反而使身体落下毛病，甚至连一些很有名气的拳师也难以幸免。像练形意拳的，由于上步落脚太重，容易落下腰腿疼的毛病；练少林拳的，由于"恨脚（跺脚）"太重，也容易使脚底受伤。有些功法，要求用身体的某一部位去撞击树木、墙壁等硬物，稍有不当，也容易受伤。内功与中枢神经很有关系，练习时更要慎重。

这里提出一些注意事项，供喜爱武术的读者朋友参考。

（一）循序渐进，不急不躁，不要幻想一口吃成胖子。

（二）持之以恒，坚持不懈，不能三天打鱼，两天晒网。

（三）所有拳派都各有长处，不要这山望着那山高，应当集中精力先学好一个拳派的功法。

（四）练好基本功，特别是腿功和腰功。

（五）晨起洗漱完毕，喝一碗温开水，以清涮胃肠，补充夜间所失水分。

（六）早晨练功前不要憋大小便。

（七）开始练功时，要先做些准备活动，使筋骨逐渐舒展，不要一下子就猛练踢腿、拔筋，天冷时尤其要注意。

（八）练拳结束后，要做些整理活动，如散步、轻轻敲捏肌肉等，并且应及时穿衣，切记"防风如防箭"。

（九）练拳结束后不宜马上进食。

（十）在练习内功时，如果出现头部放大、身体飘升或下沉等感觉，属于正常现象。在练习内功的"周天功"时，如果感到晕眩，应立即停止练功，检查血压是否偏高。有高血压症状的人不宜练"周天功"。

（十一）重视桩功。但一开始不要站桩太久。

（十二）不要忽视那些看来最简单的动作，如冲拳、弹踢之类。

（十三）不必追求难度过大，甚至力所不及的动作。

（十四）练功时要集中注意力，不说闲话，保持必要的兴奋度。

（十五）不要轻易与人试手过招，尤其不宜嬉笑打闹；一旦形势危急，不得不出手时，必须全力以赴。

（十六）不要轻易用身体的任何部位去撞击树木、墙壁之类的硬物，也不要轻易用手掌或手指去砸击或硬抵砖瓦石块及树木。

（十七）要特别重视胯部的作用，注意对肘、肩、膝部的训练。

（十八）任何时候都不要认为自己很了不起，同样地，任何时候也都不要把自己估计得太低。

（十九）过度疲劳时不宜练拳，大喜大悲或愤怒时不宜练内功。

（二十）保证睡眠时间，适当加强营养（特别是肉食），临睡前用热水洗脚。

附录二 中国武术重要流派简表

中国武术源远流长，流派繁多，拳种总数当不下数百种，不少奇门拳术至今仍散匿民间。笔者所据资料有限，所见更有限，此处列出207种，仅供读者诸君参考。

所谓"武术流派"，应有一个标准，就是某一拳种不仅拥有较完备的拳械套路或功法，而且拥有自己的技击理论，形成自己的独特风格，这样才称得上"流派"。该"简表"基本按此标准取舍，个别罕见拳种例外。

由于年代久远，许多流派的发源地和创始人已不可考，有些只能靠传说来推测，而传说又往往有多种，让人很难确认。笔者或选取其一，或干脆暂付阙如，似更客观一些。

序号	名称	发源地	创始人	流行地区	备注
1	少林拳	嵩山少林寺		全国	
2	武当拳	湖北武当山		湖北、江苏、四川、浙江	
3	峨眉拳	四川峨眉山		四川	
4	南拳	福清少林寺		福建、广东、广西、湖北、台湾	
5	太极拳	河南博爱河内唐村千载寺	唐村李仲、李信（岩）兄弟与陈家沟陈王廷	全国	
6	形意拳	山西永济	姬际可	全国	又名"心意拳""心意六合拳"
7	八卦掌			全国	由董海川在北京传出
8	苗拳			湘西、桂北	
9	壮拳	广西		广西	
10	侗拳	湖南	杨朝英	湘西南、桂北	
11	瑶拳	广西		广西瑶族聚居区	
12	土拳	湖南		湘西土家族聚居区	
13	傣拳	云南		云南西双版纳、德宏	

14	畲族拳	福建		福建宁德	
15	拉祜拳	云南		云南思茅、梁河	
16	阿昌拳	云南		云南陇川、梁河	
17	德昂拳	云南		云南德宏、临沧	
18	查拳	山东冠县	查密尔	全国	
19	弹腿	新疆，或山东龙潭寺、河南谭家沟	查密尔？	全国	又名"踏脚""潭腿""谭腿"
20	护身拳	北京？		陕西宝鸡	由李忠厚传出
21	汤瓶拳			河南、陕西	由河南袁凤仪传出
22	通臂拳	河北沧州		北京、天津、河北、陕西、山西	
23	八极拳	河北孟村	无名道人	河北、陕西、北京	
24	回民七势	河南朱仙镇		河南、陕西宝鸡	由河南穆、郑两姓在朱仙镇传出
25	白猿通臂拳	沈阳	马龙彪	西安	
26	六合通臂拳			北京、天津	由浙江祁信、祁太昌父子传出
27	劈挂通臂拳	河北		河北	
28	五行通臂拳		韩道士	河北	又名"通臂太极"
29	洪拳门	嵩山少林寺		全国	又名"大洪拳""大红拳""大鸿拳"
30	劈挂拳	河北盐山或嵩山少林寺	少林僧左宝海？	北方	
31	八门拳	甘肃兰州	陆道人	甘肃、青海	
32	八门驷拳	甘肃临夏	马四爷(绰号孝哥巴)	甘肃、青海、宁夏	
33	螳螂拳	山东即墨	王朗	山东、河北	
34	燕青拳	山东？		全国	又名"秘踪拳"，由山东孙通传出
35	拦手	河南？		天津、上海	由河南郑天兴在天津传出
36	地趟拳			全国	
37	四通锤	山东		山东潍坊、青岛、济南	由黄县冯立旺传出
38	关东拳	嵩山少林寺？		河南	
39	五手拳	山东		青岛	
40	华拳	陕西华山	蔡泰、蔡刚	全国	由济宁蔡氏传出
41	孙膑拳	山东		青岛、济南、聊城、淄博	由馆陶一张姓车夫传出
42	文圣拳	山东	皋南国？	鲁南、苏北	
43	梅花拳			全国	又名"梅花桩"，由李廷基、李廷贵在河北武强传出
44	翻子拳	河北高阳		河北、辽宁、甘肃、陕西	由高阳段氏传出
45	绵掌	河北		河北、河南	由罗从善传出，又名"连环绵掌"
46	绵拳	河北		河北、天津、成都、武汉	
47	短拳			河北、河南	又名"短打""绵张短打""绵张拳"

48	通背拳	山西洪洞	陈卜?	晋南	
49	功力拳	山西榆次	榆次赵氏	全国	又名"弓力拳"
50	戳脚			河北、北京、沈阳	由赵灿益在河北饶阳传出
51	五法八象	山西五台山	薛颠（页真子）	山西、安徽	传人甚少
52	傅拳	山西阳曲	傅山		已失传，仅留拳谱
53	分手拳		陈八大王	甘肃武威、张掖	又名"对手拳"
54	石头拳	嵩山少林寺		安徽、江苏	
55	苌家拳	河南汜水	苌乃周(1724—1783)	荥阳、巩义、开封、安阳	
56	紧八手			湖北	
57	节拳			北方	又名"捷拳"
58	三皇功	北京	张长祯（醉鬼张三，1862—1945)	北京	又名"内八卦"
59	意拳	北京	王芗斋	全国	曾名"大成拳"
60	清拳	北京潭柘寺		北京及河北晋宁、巨鹿	由潭柘寺僧养性传出
61	顺手拳	北京	黄宝亭(1870—1944)	北京	
62	三皇炮捶	嵩山少林寺		北京	由少林寺僧普照传出
63	东乡拳	安徽枞阳		皖南	
64	伐拳		曹登寅	皖南	
65	九华山拳	安徽九华山	何九天（九华老人）	安徽	
66	五童气功拳	大别山天柱峰	吴道长	皖南	
67	常州南拳	江苏常州	李成产	江苏、上海	又名"武进南拳"
68	船拳	浙江吴兴	陆炳	太湖沿岸	
69	台州南拳	浙江天台山	智𫖮?	浙江、福建、江西、上海	
70	温州南拳			浙江	
71	少林五祖拳	福清少林寺		福建	
72	鹤拳	福建		福建、台湾	
73	纵鹤拳	福建	方世培	福建、台湾	
74	飞鹤拳	福建永春	方七娘	福建、台湾	
75	鸣鹤拳	福建永春	林世	福建、台湾	
76	宿鹤拳	福建连江石门寺	觉清和尚	福建	
77	食鹤拳	福建闽清	嘉蒲	福建、台湾、香港	
78	永春白鹤拳	福建福宁	方七娘	闽南	方七娘为福宁人，罪谪永春
79	连城拳	福建连城	黄思焕	闽西	
80	犬法	泉州白莲寺?		福建	又名"地术犬法""狗法""地龙经"，由尼姑四月、五枚传出
81	龙尊	福清少林寺	林铁珠	福建、台湾	
82	虎尊	福建永福	李元珠	福建	
83	儒法	泉州关帝庙		福州	由泉州关帝庙某道长传出
84	五祖鹤阳拳	福建晋江	蔡玉明	福建	
85	邹家拳			江西	
86	硬门拳	江西		江西丰城、清江、宜春	

87	字门拳	嵩山少林寺		江西、四川	四川"字门"分成两派
88	蛇拳	嵩山少林寺		浙江、四川	由德清胡某传出
89	伞拳	嘉兴太平寺	隐然和尚	浙江嘉兴	嘉兴陆氏家传
90	内家拳	湖北武当山		浙江宁波、四川	
91	花拳	嵩山少林寺		全国	由江宁甘凤池等传出
92	浦东拳	上海浦东		上海	
93	六合拳	嵩山少林寺		全国	
94	岳氏连拳	嵩山少林寺?		河北、北京	又名"八翻手""子母拳"
95	岳门	山西		全国	
96	岳家拳	湖北黄梅	岳飞	湖北黄梅、广济、蕲春	
97	唐拳			武汉	又名"八卦唐拳"
98	龟牛拳	湖南平江	姚世月	湖南、湖北	
99	巫家拳	湖南	巫必达(1751—1812)	湖南	
100	龙虎争巢拳	湖南平江		湖南平江	又名"龙虎斗丹崖"
101	太乙游龙拳	贵阳	某道士	湖南长沙	长沙余氏家传
102	梅山拳	湖南新化		湖南新化	新化古称梅山
103	自然门			湖南、杭州、福州、香港	由四川徐矮子传出
104	盛氏武功	湖南常德	盛学林	常德、益阳、汉寿、桃江	由常德盛英豪传出
105	喻家六合拳	四川蓬溪	喻应熊	四川	
106	坤门拳	四川峨眉山	李明月(法号玄空)	四川、安徽	
107	西凉掌	西北		全国	又名"阴阳掌""西阳掌""夕阳掌"
108	高家拳	陕西三原	高占魁	关中	
109	八宝拳	福清少林寺	至善?	广西南宁、南丹、宜山	
110	洪拳			南方	
111	刘家拳	广西合浦	刘青山	广东、广西	
112	莫家拳	广东东莞	莫士达?	广东、广西	
113	蔡家拳	福清少林寺	蔡福	广东、广西	
114	李家拳	福清少林寺	李释开	广东、广西	
115	蔡李佛拳	广东新会	陈亨(陈典英)	广东、广西	
116	虎豹拳			海南	
117	洪佛拳			湛江	
118	五形拳			湛江	
119	十形拳			湛江	
120	虎鹤双形			广东	
121	咏春拳	福建	严咏春(严三娘)	福建、广东、广西	
122	龙行武术	哈尔滨	刘志清(1881—1986)	全国	
123	杨家拳	山西繁峙		繁峙、代县	繁峙杨氏家传
124	水浒拳			河南商丘	
125	佛家拳	福清少林寺		广东	
126	昆仑拳			广东丰顺	由河南传入
127	岳家教			广东梅州	由湖南传入

128	朱家教			广东兴宁	
129	练手拳			广东	广东黄啸侠传
130	练步拳			全国	
131	孙门	四川	孙楚南	四川	
132	生门			四川宜宾、郫县	
133	僧门	嵩山少林寺	马朝柱（绰号赵麻布）	四川	
134	赵门	河北		四川	由直隶人张天虎传入，分"直隶"、"三原"两派
135	杜门	成都	杜官印	成都、乐山、重庆、自贡	
136	洪门	嵩山少林寺		四川	
137	鸿志门			成都、重庆	由湖北传入
138	会门	嵩山少林寺		四川	分为三派
139	化门	四川		成都、重庆、达县、南充、内江	古名"四拳"
140	蚕闭门			四川	由江西黄益川传入
141	子午门	四川峨眉山	太空、神灯	重庆、乐山、峨眉	
142	方门	四川什邡	方顺懿	四川	
143	向门			万县	由北京镖师向奎传入
144	盘破门	河南		四川	由资中刘杠传出
145	罗门			四川	
146	慧门			四川奉节	由河北深县宋鲁华传入
147	智门			成都、重庆及川东一带	由安徽邓继达传入
148	于门		于谦?	开县、万县、石柱	由开县蔡平川传出
149	黄林派	四川		成都、攀枝花、内江、万县	
150	青城派	四川青城山		都江堰、开县、泸州	
151	绿林派	四川		成都、雅安、乐山	
152	昆仑派	昆仑山?		山东、河北、四川	
153	余家拳	四川简阳		重庆、自贡、内江	由简阳余氏传出
154	余门拳	四川宣汉	余有福	达县、宣汉、万县、云阳、开县	
155	松溪内家拳	湖北武当山		浙江、四川	由天津"兴顺镖局"镖师张午亭（宁波人）传入四川
156	李家拳	四川威远高嘴山		威远	威远李氏家传
157	武当内家南拳	湖北武当山		永川、梓潼、安岳、巴县	又名"子母南拳"，由武当道士彭瑛传入四川
158	明海拳	四川万县回龙寺	明海和尚	万县、云阳	
159	梅氏拳	河南	梅氏老姑	大足、荣昌、永川	又名"九堆灰"
160	满手拳			重庆、江津	清末时传入四川江津
161	周家拳	四川江北	周玉峰	重庆及川东一带	
162	江河拳	河南开封		四川南充	由南充和尚孙福益传出

163	苏门拳	河南		永川、江津、荣昌、大足、重庆、泸州	又名"苏家教"，由河南苏（舒）裁缝传入四川永川
164	少林南拳	嵩山少林寺		四川	以短拳为主，多拳少腿
165	联门拳	四川开县	王联方	开县、万县	
166	任门拳		任某	万县、梁平、开县	
167	自门拳	四川南充		南充	南充唐氏家传
168	任家教	四川永川	任思镇	永川、大足、荣昌	
169	山东教	山东		永川、荣昌	又名"山东打"，由山东人传入四川
170	金家功		金道人	梁平、忠县、垫江	金道人原名姬一旺，祖籍山西
171	弦虎门	四川冕宁		冕宁、西昌	冕宁钱氏家传
172	白眉拳	四川峨眉山	白眉道人	四川、广东	
173	鱼门拳	湖北咸宁		湖北	
174	孔门拳	湖北大冶	胡铁镖	武汉、广州	
175	侠拳	四川峨眉山		广州、顺德、海南、香港	
176	南枝拳	福清少林寺	南枝	汕头、潮州、普宁、澄海	
177	刁家教	江西临江		广东梅州、兴宁	由广东刁氏兄弟传出
178	鸭形拳	天津	李恩贵	天津、四川	
179	鹰爪拳	河北雄县	刘仕俊	全国	
180	太虚拳	广东新会	伍荣羽	广东、香港、澳门	
181	长拳	河南或山东		全国	又名"太祖拳"
182	功家南派	湖北武当山	邓钟山	江苏	属武当拳系
183	少林心意门	嵩山少林寺			寺内秘传
184	蚩尤拳			湘西苗家山寨	
185	狼拳			河南鸡公山	1980年前后由一老妪秘传
186	太和拳			青岛	
187	猴拳	嵩山少林寺		全国	
188	炮拳	嵩山少林寺		全国	
189	鸡形拳	湖南永顺	张海全	湖南永顺	
190	醉拳	嵩山少林寺		全国	又名"醉八仙"
191	陈氏太极拳	河南温县陈家沟	陈王廷、陈长兴等	全国	
192	孙氏太极拳	北京	孙禄堂	全国	
193	吴氏太极拳	北京	吴鉴泉	全国	
194	杨氏太极拳	北京	杨福魁	全国	
195	武氏太极拳	河北永年	武禹襄	全国	
196	赵堡架太极拳	河南温县赵堡	陈青萍	全国	又名"忽雷架"
197	和氏太极拳	河南温县赵堡	和兆元(1810—1890)	全国	
198	山西派形意	山西祁县	戴龙邦	山西	
199	河北派形意	河北深县	李洛能	全国	
200	河南派形意	洛阳	马学礼	河南、上海、安徽、四川	
201	形意八卦掌	河北河间	张占魁	河北、上海	

202	八虎拳			四川南江、绵阳	
203	黄鳝拳	四川安岳	陈西	安岳	安岳陈氏家传
204	跛子拳	四川峨眉山		安岳	根据残疾者动作编成，由峨眉山净云和尚传出
205	龙形拳		尼姑五枚	广州、香港、澳门	由罗浮山华首台寺大玉禅师传出
206	新武术	山东	集体创编		民国初年编成，由马良署名
207	截拳道	香港	李小龙	香港	

在以上207个拳派中，可以大略确定发源地的有152个，其中，位于淮河以北的有78个，占51.32%；位于淮河以南的有74个，占48.68%。由此可见，南北两地的武术发展大致平衡。

在这152个拳派中，源于河南嵩山少林寺的有19个，源于湖北武当山的有5个，源于四川峨眉山的有6个，源于福建少林寺的有8个。如果按省份区分，则源于河南的有32个，源于四川的有23个，源于福建的有22个；其余各省市是：河北12个，山东、北京各11个，湖南10个，山西、湖北各8个，云南4个，浙江、广东、广西、安徽各3个。由此叮以大略发现：

（一）中国武术由北而南的传播走向；

（二）少林、峨眉、南拳三大拳系在中国武术中的重要地位；

（三）以少林武术为代表的中原武功在中国武术发展过程中的主导性影响。

附录三：中国历史年代简表

旧石器时代	约170万年前—1万年前
新石器时代	约1万年前—4000年前
夏	公元前2070年—公元前1600年
商	公元前1600年—公元前1046年
西周	公元前1046年—公元前771年
春秋	公元前770年—公元前476年
战国	公元前475年—公元前221年
秦	公元前221年—公元前206年
西汉	公元前206年—公元25年
东汉	公元25年—公元220年
三国	公元220年—公元280年
西晋	公元265年—公元317年
东晋	公元317年—公元420年
南北朝	公元420年—公元589年
隋	公元581年—公元618年
唐	公元618年—公元907年
五代	公元907年—公元960年
北宋	公元960年—公元1127年
南宋	公元1127年—公元1279年
元	公元1206年—公元1368年
明	公元1368年—公元1644年
清	公元1616年—公元1911年
中华民国	公元1912年—公元1949年
中华人民共和国	公元1949年成立